U0464056

CANGCHU WULIU ZHUANYUAN
SHIXUN JIAOCHENG

仓储物流专员

实训教程

主　编◎徐　力　钟　惺
副主编◎涂　秘　李蓥莹　周　欢　王春霁
参　编◎刘清太　陈小娟　解凌竣　王小兰
谷伟玲　徐　娟　陈　明　何　倩
黄　锐　陆文雯　黄　霞　朱　俊
黄　现　谷　宇　何传香　曾　芮

四川大学出版社
SICHUAN UNIVERSITY PRESS

项目策划：王　睿
责任编辑：梁　平
责任校对：杨　果
封面设计：墨创文化
责任印制：王　炜

图书在版编目（CIP）数据

仓储物流专员实训教程 / 徐力，钟惺主编．— 成都：四川大学出版社，2022.1
ISBN 978-7-5690-5338-8

Ⅰ．①仓… Ⅱ．①徐… ②钟… Ⅲ．①仓库管理－物资管理－中等专业学校－教材 Ⅳ．①F253.4

中国版本图书馆 CIP 数据核字（2022）第 012244 号

书名　仓储物流专员实训教程

主　　编	徐　力　钟　惺
出　　版	四川大学出版社
地　　址	成都市一环路南一段 24 号（610065）
发　　行	四川大学出版社
书　　号	ISBN 978-7-5690-5338-8
印前制作	四川胜翔数码印务设计有限公司
印　　刷	成都金龙印务有限责任公司
成品尺寸	185mm×260mm
印　　张	13.25
字　　数	320 千字
版　　次	2022 年 1 月第 1 版
印　　次	2022 年 1 月第 1 次印刷
定　　价	48.00 元

◆ 读者邮购本书，请与本社发行科联系。
电话：(028)85408408/(028)85401670/
(028)86408023　邮政编码：610065
◆ 本社图书如有印装质量问题，请寄回出版社调换。
◆ 网址：http://press.scu.edu.cn

四川大学出版社
微信公众号

目　　录

项目一　接收和检验货物

学习情境一　情境创设　企业导入

【学习目标】

一、专业能力目标

1. 知识目标

(1) 能够正确讲述物流的概念；
(2) 能够描述物流在市场经济中的作用。

2. 能力目标

能够分辨仓储企业类型。

二、非专业能力目标

1. 方法能力目标

(1) 能够收集信息并归纳、总结关键内容；
(2) 能够集中注意力阅读材料；
(3) 能够在团队中根据任务进行计划、决策并组织成员执行任务。

2. 社会能力目标

能够清晰表达自己的见解并倾听他人的意见和建议。

【工作情景】

成都市××物流有限公司是一家专业化的第三方物流公司，如今在全国拥有成都、北京、天津、上海、广州、西安、武汉等七家分公司和多家办事处，主营快消品物流，为客户提供高效的仓储、运输、配送及委托采购服务。

【工作任务】

（1）请仔细阅读以下信息并用一句话简短概括××公司的情况。

个人工作/工作时间：5 min

（2）将你概括的公司信息与邻座进行交流并相互补充，形成共识。

小组工作/工作时间：5 min

（3）画出××公司总部地理位置的示意图，可以借助电子地图和电脑、Office 等工具和软件展示和描述其区位优势和交通条件。

小组工作/工作时间：30 min

（4）为使你的任务能顺利完成，你获得了一份××公司内部数据。请从给出的材料中设计一张有创意的海报进行可视化呈现。

小组工作/工作时间：30 min

（5）各组进行××公司海报展示，并安排人讲解。

小组工作/工作时间：10 min

【工作指导与实施】

成都市××物流有限公司位于成都青白江物流园区。青白江物流园区是成都市物流发展规划确定的四大物流基地之一。该基地不仅具有得天独厚的区位优势，更具备了物畅其流的交通条件。该地区位于成都宝成铁路、沪汉蓉大通道、成渝铁路、成都北编组站交汇处，经成青快速通道至成都中心城区仅 18 公里，可通过货运大道实现与其他物流中心和物流园区的有效连接，通过成绵高速公路、成南高速公路分别连接极具发展潜力和活力的成都、德阳、绵阳经济带及成渝经济圈。

公司总部拥有超过 1 万平方米的营业仓储，包括地面型仓库、货架型仓库和自动化立体仓库，主要面向零售企业为普通常温保管的快速消费品提供仓储配送服务。机械化作业程度高，采用统一的仓储管理系统（Warehousing Management System，WMS）进行信息管理。仓库管理人员的主要工作内容包括货物的出入库操作与在库保管、相关信息的记录与存档、仓库设施设备的使用与维护、所管辖仓库人员的分工及调配等。

注：营业仓储是指仓储经营人以其拥有的仓储设施，向社会提供商业性仓储服务的仓储行为，又称为第三方仓储。地面型仓库指货物就地堆码，不使用货架型设备。货架型仓库采用多层货架保管，分为层架（一般货物直接置于货架层板上）、托盘式货架（一般货物组合在托盘上再置于货架）、重力式货架（货架每层有一定坡度的、带有轨道的导轨，货物在重力作用下，由入库端流向出库端，便于先入先出，如图 1-1 所示）。其中，流利式电子标签货架是重力式货架的一种常用类型，可配合周转箱使用，支持电子标签拣选方式。自动化立体仓库指使用自动堆垛机、自动传送装置、自动化立体货架等设备进行出入库及存放作业的高层货架仓库，常用于存放包装标准、附加值高的物品。

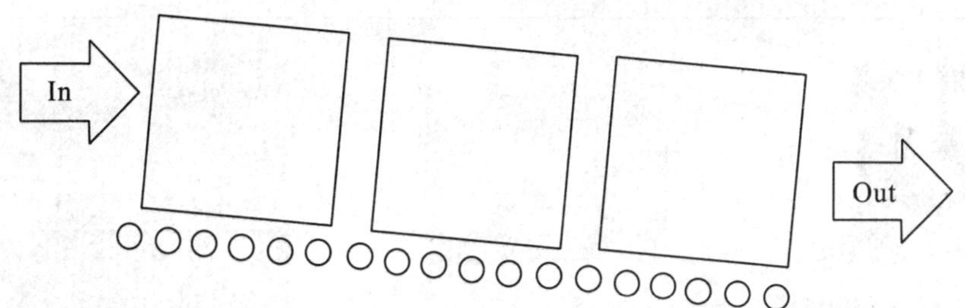

图 1–1　重力式货架工作原理

【示例 1】客户存储货物一览表

序号	货物类别	货物名称
1	药品	各种糖浆、蜜丸，以葡萄糖等溶液为主的针剂，以动物胶为主的膏药，以淀粉为主的片剂和粉剂等
2	医疗器械	听诊器、全自动电泳仪、医用离心机、切片机、血压计、煮沸消毒器等
3	化妆品	胭脂、口红、眼影、面膜、发乳、发胶等
4	食品	饼干、糕点、食糖、罐头、酱醋、鲜蛋、肉类、鱼类等
5	服装	羊毛衫、羊绒衫、驼毛衫、弹力丙纶衫、弹力涤纶衫等
6	工艺品	竹、木、麻、草制品，绢画、绢花、绒绣和核雕等

【示例 2】库管区员工基本信息

（照片） 张××	（照片） 罗××	（照片） 王××
27 岁，自 2012 年 7 月起在××物流公司，自 2012 年 9 月起在成都 4 号库房的仓储区工作，2014 年 7 月获得叉车驾驶执照	21 岁，自 2017 年 5 月起在××物流公司，自 2017 年 6 月起在成都 4 号库房的仓储区工作，无叉车驾照	33 岁，自 2010 年 9 月起在××物流公司工作，自 2015 年起担任成都 4 号库房仓储区主管，负责货物入库作业的组织和人员安排

【示例 3】库房货物存储管理工作岗位相关的设施设备

工作台上有装有零售企业使用的仓库管理软件的电脑、打印机、手持扫描仪、笔、剪刀或裁纸刀、胶带、不同文件的文件盒。其他相关的设施设备如图 1–2 所示。

图 1-2　库区存储作业设施设备

【考核与评价】

考核与评价表

被考评小组（个人）			被考核小组成员名单				
考核内容							
考核标准	考核要点	分值（分）	自我评价（40%）	他人（他组）评价（平均）（30%）	教师评价（30%）	合计（100%）	备注
	操作能力	30					
	团队合作精神	25					
	语言表达	20					
	参与讨论的积极性	15					
	内容	10					
	合计	100					

【练习与自测】

请把与下列图片对应的仓储设施设备名称写在横线上。

名称：________________

名称：________________

名称：________________

名称：________________

学习情境二　物流基本认知

【学习目标】

一、专业能力目标

1. 知识目标

（1）能够正确讲述物流的概念；
（2）能够描述物流的发展史。

2. 能力目标

能够分辨物流的不同功能活动。

二、非专业能力目标

1. 方法能力目标

(1) 能够收集信息并归纳、总结关键内容；
(2) 能够集中注意力阅读材料；
(3) 能够在团队中根据任务进行计划、决策并组织成员执行任务。

2. 社会能力目标

能够清晰表达自己的见解并倾听他人的意见和建议。

【工作情境】

从今天开始，你将成为成都市××物流有限公司的一名实习员工。为了更好地开展工作，你需要对物流的一些基本知识进行理解和学习。

【工作任务】

(1) 请仔细阅读以下信息并划出关键词，写在卡片上。用自己的话表述简短概括物流概念，并记录在学习材料上。

个人工作/工作时间：10 min

(2) 将你概括的情况用卡片与邻座进行交流，互相补充，形成共识。

小组工作/工作时间：10 min

(3) 将你与邻座形成共识的情况与同组成员 4～6 人进行交流，重新讨论并思考，形成共识。

小组工作/工作时间：20 min

(4) 请设计制作一张有创意的海报，用一句话表达物流的作用，涉及环节请用图画展示。

小组工作/工作时间：20 min

(5) 各组进行海报展示，并进行讲解。

小组工作/工作时间：15 min

(6) 观察图片，匹配概念。

小组工作/工作时间：5 min

【工作指导与实施】

物流是为了满足客户需要而对商品、服务消费以及相关信息从产地到消费地的高效、低成本流动和储存进行的规划、实施与控制的过程。物流是一个控制原材料、制成品、产成品和信息的系统，从供应开始经各种中间环节的转让及拥有而到达最终消费者手中的实物运动，以此实现组织的明确目标。现代物流是经济全球化的产物，也是推动经济全球化的重要组成部分。物流主要起到服务商流、保障生产和方便生活的作用。物流由商品的运输、仓储、包装、搬运装卸、流通加工、配送以及信息管理等环节构成。

1. 运输

使用设施和工具，将物品从一个点向另一个点的物流活动。

2. 仓储

仓储是通过仓库对商品与物品进行储存与保管。

3. 包装

包装是为在流通过程中保护产品、方便储运、促进销售，按一定技术方式而采用的容器、材料及辅助物等的总体名称。也指为了达到上述目的而在采用容器、材料和辅助物的过程中施加一定技术方法等的操作活动。

4. 搬运、装卸

搬运、装卸是指货物运输起讫两端利用人力或机械将货物装上、卸下车辆，并搬运到一定位置的作业活动。

5. 流通加工

流通加工是物品在从生产地到使用地的过程中，根据需要施加包装、分割、计量、分拣、组装等简单作业的总称。

6. 配送

配送是物流的一个缩影或在某小范围中物流全部活动的体现。

7. 信息管理

对于物流有关的计划、预测、动态信息及有关生产、市场、成本等方面的信息进行收集和处理，使物流活动能高效、顺利进行。

对于“物流”的概念，不同国家不同机构不同时期有所不同，关于物流活动的最早文献记载是在英国。1918 年，英国犹尼利弗的哈姆勋爵成立了“即时送货股份有限公司”，目的是在全国范围内把商品及时送到批发商、零售商和用户手中。第二次世界大战期间，美国从军事需要出发，在战时对军火进行的供应中，首先采用了“物流管理”(Logistics management) 这一词，并对军火的运输、补给、屯驻等进行全面管理。20 世纪 30 年代，“物流”一词被美国人借用到企业管理中，被称作“企业物流”(Business logistics)。企业物流是指对企业的供销、运输、存储等活动进行综合管理。

1963 年，日本考察团前往美国学习回国后便向政府提出了重视物流的建议，并在产业界掀起了物流物流启蒙运动。平原直先生（历任装卸研究所所长、日本装卸协会会长，被誉为日本“物流之父”）提出“物的流通”。20 世纪 70 年代后，日本的“物流”一词逐渐取代了“物的流通”。中国的“物流”一词是从日文资料引进来的外来词，源于日文资料中对“Logistics”一词的翻译——“物流”。

中国物流行业起步较晚，随着国民经济的飞速发展，中国物流行业保持较快增长速度，物流体系不断完善，行业运行日益成熟和规范。

目前，我国物流专业人才相当匮乏。在物业行业中，对物流专员的学历要求不是很高，一般是相关专业的大专以上学历即可。一般而言，物流专员的晋升渠道为货运主管或是物流经理，直至物流总监。也可以在积累相关经验后，自己创办一家物流公司自主经营。

【考核与评价】

考核与评价表

被考评小组（个人）			被考核小组成员名单				
考核内容							
考核标准	考核要点	分值（分）	自我评价（40%）	他人（他组）评价（平均）（30%）	教师评价（30%）	合计（100%）	备注
	操作能力	30					
	团队合作精神	25					
	语言表达	20					
	参与讨论的积极性	15					
	内容	10					
合计		100					

【练习与自测】

请把下列图片所对应的物流概念写在横线上。

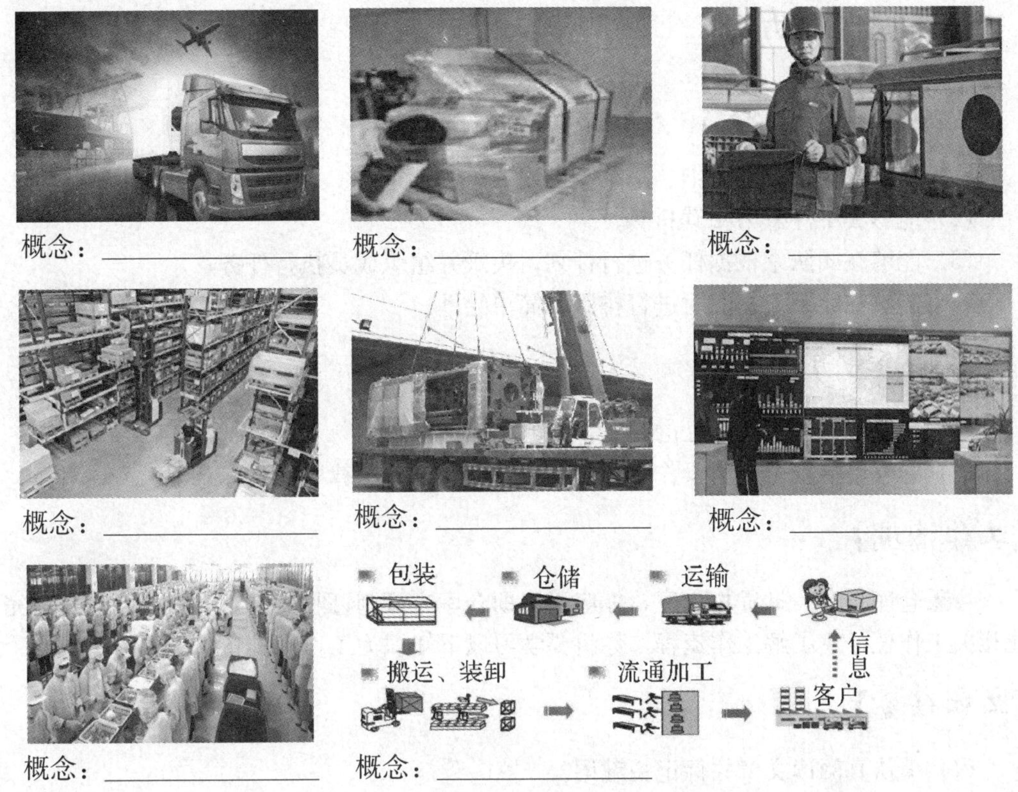

学习情境三　货物接运

【学习目标】

一、专业能力目标

1. 知识目标

(1) 能说出货物接运的概念和意义；
(2) 能够说出车站、码头、仓库等地方接货工作流程。

2. 能力目标

能够系统地进行货物的接运操作。

二、非专业能力目标

1. 方法能力目标

（1）能够收集信息并归纳、总结关键内容；
（2）能够集中注意力阅读材料；
（3）能够在团队中根据任务进行计划、决策并组织成员执行任务；
（4）能够在绘制流程图时进行排版，简单绘图。

2. 社会能力目标

（1）能够流畅地表达自己的观点；
（2）能够坚持安全规范操作，具有环保行为意识与法律职业素养意识。

【工作情境】

今天仓库将有一批货物入库，你应当协助仓库主管制订收货计划。为了能更好地完成相关工作任务、了解工作流程，你将要学习以下知识为工作做准备。

【工作任务】

（1）请认真阅读文章并标记关键词。

个人工作/工作时间：10 min

（2）请将你标记的关键词与表中所列的关键词比较。请勾出那些你能够通过自己的语言讲述（最多四句）的概念，并记录在学习材料上。

个人工作/工作时间：5 min

（3）请与你的邻座轮流解释各个关键词的概念，在此过程中理解关键词的共同点和不懂的问题。

小组工作/工作时间：5 min

（4）教师检查并梳理学生对于关键词的理解。

个人工作/工作时间：10 min

（5）通过旋转木马游戏，共同厘清关键词的概念。

小组工作/工作时间：10 min

【工作指导与实施】

一、货物接运简介

由于货物到达仓库的形式不同，除了一小部分由供货单位直接运到仓库交货外，大部分要经过铁路、公路、航运、空运和短途运输等运输工具转运。凡经过交通运输部门转运的货物，均需经过仓库接运后，才能进行入库验收。因此，货物的接运是货物入库业务流程的第一道作业环节，也是货物仓库直接与外部发生的经济联系。

接运的主要任务是及时而准确地向交通运输部门提取入库货物，要求手续清楚，责任分明，为仓库验收工作创造有利条件。因为接运工作是仓库业务活动的开始，是货物入库和保管的前提，所以接运工作好坏直接影响货物的验收和入库后的保管保养。因此，在接运由交通运输部门（包括铁路）转运的货物时，必须认真检查，分清责任，取得必要的证件，避免将一些在运输过程中或运输前就已经损坏的货物带入仓库，造成验收中责任难分和在保管工作中的困难或损失。

由于接运工作直接与交通运输部门接触，所以做好接运工作还需要熟悉交通运输部门的要求和制度。例如，发货人与运输部门的交接关系和责任的划分，铁路或航运、海运等运输部门在运输中应负的责任，收货人的责任，铁路或其他运输部门编制普通记录和商务记录的范围，向交通运输部门索赔的手续和必要的证件等。

做好货物接运业务管理的主要意义在于：防止把在运输过程中或运输之前已经发生的货物损害和各种差错带入仓库，减少或避免经济损失，为验收和保管保养创造良好的条件。

二、货物接运的方式

货物的接运方式可分为以下 4 种。

1. 车站、码头接货

（1）提货人员对所提取的货物应了解其品名、型号、特性和一般保管知识、装卸搬运注意事项等。在提货前应做好接运货物的准备工作，如装卸运输工具，腾出存放货物的场地等。提货人员在到货前，应主动了解到货时间和交货情况，根据到货多少，组织装卸人员、机具和车辆，按时前往提货。

（2）提货时应根据运单及有关资料详细核对品名、规格、数量，并要注意货物外观，查看包装、封印是否完好，有无玷污、受潮、水浸、油渍等异状。若有疑点或不符，应当场要求运输部门检查。对短缺损坏情况，凡属铁路方面责任的，应做出商务记录；属于其他方面责任需要铁路部门证明的应做出普通记录，由铁路运输员签字。注意记录内容与实际情况要相符合。

（3）在短途运输中，要做到不混不乱，避免碰坏损失。危险品应按照危险品搬运规定办理。

（4）货物到库后，提货员应与保管员密切配合，尽量做到提货、运输、验收、入库、堆码成一条龙作业，从而缩短入库验收时间，并办理内部交接手续。

2. 专用线接车

（1）接到专用线到货通知后，应立即确定卸货货位，力求缩短场内搬运距离；组织好卸车所需要的机械、人员及有关资料，做好卸车准备。

（2）车皮到达后，引导对位，进行检查。看车皮封闭情况是否良好（即卡车、车窗、铅封、苫布等有无异状），根据运单和有关资料核对到货品名、规格、标志和清点件数；检查包装是否有损坏或有无散包；检查是否有进水、受潮或其他损坏现象。在检查中发现异常情况，应请铁路部门派员复查，做出普通或商务记录，记录内容应与实际情况相符，以便交涉。

（3）卸车时要注意为货物验收和入库保管提供便利条件，分清车号、品名、规格，不混不乱；保证包装完好，不碰坏，不压伤，更不得自行打开包装。应根据货物的性质合理堆放，以免混淆。卸车后在货物上应标明车号和卸车日期。

（4）编制卸车记录，记明卸车货位规格、数量，连同有关证件和资料，尽快向保管人员交代清楚，办好内部交接手续。

3．仓库自行接货

（1）仓库接受货主委托直接到供货单位提货时，应将这种接货与出验工作结合起来同时进行。

（2）仓库应根据提货通知，了解所提取货物的性能、规格、数量，准备好提货所需要的机械、工具、人员，配备保管人员在供方当场检验质量、清点数量，并做好验收记录，接货与验收合并一次完成。

4．库内接货

存货单位或供货单位将货物直接接运送到仓库储存时，应由保管人员或验收人员直接与送货人员办理交接手续，当面验收并做好记录。若有差错，应填写记录，由进货人员签字证明，据此向有关部门提出索赔。

三、入库通知单

入库通知单是生产厂家或者批发商在发货时利用电子通信网络提前向物流公司传送货物的明细清单。这样物流公司事前可以做好货物进货准备工作，同时可以省去货物数据的输入作业，使商品检验作业效率化。购买商也可以凭借此清单核对订单交货数量、剩余数量等，及时更正数量上的错误。具体入库通知单样式见学习情境四。

四、收货工作描述

收货是物流企业进行仓储业务的起点。物流企业信息员预先收到货主客户以邮件形式发送的入库通知单，信息员接收客户邮件，利用 WMS 系统将入库通知单信息录入系统并打印入库单。信息员将第二天计划入库的所有入库单交给库房主管，库房主管汇总入库单信息并安排人员和设备。

运输公司按客户指定时间到达仓库后，将送货单交与信息员换取提货卡，并到卸货台卸货。信息员将送货单交与仓管员，仓管员将送货点与入库单进行核对。仓管员与送货司机根据送货单打开车厢进行货物验收，查看送货单与清点的实物是否一致，若不一致在货物破损清单上填写货物破损情况及型号、数量、序列号，若一致，仓管员与送货司机在送货单上签字，送货单司机联交给司机带回，其他联留存。仓管员根据入库单进行货物上架并将入库单交与信息员。

【考核与评价】

考核与评价表

<table>
<tr><td colspan="2">被考评小组（个人）</td><td></td><td colspan="2">被考核小组成员名单</td><td colspan="3"></td></tr>
<tr><td>考核内容</td><td colspan="7"></td></tr>
<tr><td rowspan="6">考核标准</td><td>考核要点</td><td>分值（分）</td><td>自我评价（40%）</td><td>他人（他组）评价（平均）（30%）</td><td>教师评价（30%）</td><td>合计（100%）</td><td>备注</td></tr>
<tr><td>操作能力</td><td>30</td><td></td><td></td><td></td><td></td><td></td></tr>
<tr><td>团队合作精神</td><td>25</td><td></td><td></td><td></td><td></td><td></td></tr>
<tr><td>语言表达</td><td>20</td><td></td><td></td><td></td><td></td><td></td></tr>
<tr><td>参与讨论的积极性</td><td>15</td><td></td><td></td><td></td><td></td><td></td></tr>
<tr><td>内容</td><td>10</td><td></td><td></td><td></td><td></td><td></td></tr>
<tr><td colspan="2">合计</td><td>100</td><td></td><td></td><td></td><td></td><td></td></tr>
</table>

【练习与自测】

1. 货物接运的方式有哪几种？
2. 收货工作在单据交接时应注意些什么？

学习情境四　制订收货计划

【学习目标】

一、专业能力目标

1. 知识目标

（1）能说出收货计划表概念、入库单概念；
（2）能够认知接收检验设施设备。

2. 能力目标

能够设计收货计划样表、编制入库单、设备选取、制作收货流程图。

二、非专业能力目标

1. 方法能力目标

（1）能够收集信息并归纳、总结关键内容；
（2）能够集中注意力阅读材料；
（3）能够在团队中根据任务进行计划、决策并组织成员执行任务；
（4）能够在绘制流程图时进行排版，简单绘图。

2. 社会能力目标

（1）能够流畅地表达自己的观点；
（2）能够坚持安全规范操作，具有环保行为意识与法律职业素养意识。

【工作情境】

今天公司安排你与××连锁超市仓储部主管一起，根据2018年10月12日的入库通知单信息，完成收货计划制订和准备工作。

【工作任务】

（1）请在小组内部讨论，设计一张大家认为合理的收货计划表样表，并把成果张贴到展板上，相互展示。

个人工作/工作时间：15 min

（2）教师列出规范的收货计划表，学生对比自己的设计与收货计划表的区别。

个人工作/工作时间：5 min

（3）请借助于入库通知单信息（附件1）完成收货计划表（附件2）前3项内容的填写工作。

个人工作/工作时间：10 min

（4）请将你的结果展示给你的同伴并互相补充。

小组工作/工作时间：10 min

【工作实施指导】

【附件1】入库通知单信息

2018年10月12日，××连锁超市仓储部信息员先后收到客户通过邮件发来的入库通知单，如表4-1至表4-5所示。

表 4—1　入库通知单 1

仓库名称：1 号　库房　　2018 年 10 月 13 日

客户指令号		C398		订单来源	邮件	
客户名称		濛阳牵手果蔬有限公司		质量	正品	
入库方式		送货		入库类型	正常	
序号	货品编号	名称	单位	规格	数量	备注
1	374.243	山里红果蔬汁	箱	600mm×300mm×400mm	110	
2	323.256	牵手 100% 果汁桃汁饮料 1L	箱	600mm×300mm×400mm	80	
3	324.256	牵手 100% 胡萝卜＋橙复合果蔬汁饮料 1L×6	箱	600mm×300mm×400mm	160	

表 4—2　入库通知单 2

仓库名称：1 号　库房　　2018 年 10 月 13 日

客户指令号		C328		订单来源	邮件	
客户名称		真正饼业食品有限公司（祥福厂）		质量	正品	
入库方式		送货		入库类型	正常	
序号	货品编号	名　称	单位	规　格	数量	备注
1	373.203	羊角面包	箱	250mm×180mm×220mm	240	
2	373.205	椰蓉面包	箱	250mm×180mm×220mm	120	
3	373.206	全麦面包	箱	250mm×180mm×220mm	240	

表 4—3　入库通知单 3

仓库名称：1 号　库房　　2018 年 10 月 13 日

客户指令号		C248		订单来源	邮件	
客户名称		宝洁用品有限公司四川分公司		质量	正品	
入库方式		送货		入库类型	正常	
序号	货品编号	名称	单位	规格	数量	备注
1	200—5561	“超洁”万能清洁剂	箱	400mm×350mm×250mm	200	
2	220—4322	浴室和厕所清洁剂	箱	400mm×350mm×250mm	200	
3	230—0815	“超柔”卫生卷纸	箱	400mm×300mm×250mm	600	

表 4-4 入库通知单 4

仓库名称：1 号 库房　　　　2018 年 10 月 13 日

客户指令号		C146		订单来源	邮件	
客户名称		成都得力办公设备公司		质量	正品	
入库方式		送货		入库类型	正常	
序号	货品编号	名称	单位	规格	数量	备注
1	27.236.8	复印纸，白色	箱	250mm×180mm×220mm	80	
2	27.236.9	复印纸，淡绿色	箱	250mm×180mm×220mm	200	
3	28.336.1	复印纸，淡橘黄色	箱	250mm×180mm×220mm	120	

表 4-5 入库通知单 5

仓库名称：1 号 库房　　　　2018 年 10 月 13 日

客户指令号		C239		订单来源	邮件	
客户名称		成都锦绣大地果蔬有限公司		质量	正品	
入库方式		送货		入库类型	正常	
序号	货品编号	名 称	单位	规 格	申请数量	备注
1	2003-7589-859	“脆口”马铃薯	箱	250mm×180mm×220mm	120	
2	5007-1112-598	黄瓜	箱	150mm×80mm×60mm	80	
3	1001-3975-837	“黄金”圣女番茄	箱	200mm×100mm×120mm	160	
4	8004-2222-369	香蕉	箱	160mm×80mm×100mm	120	

【附件 2】填写收货计划表

请根据以下信息以仓储主管身份完成收货计划表（表 4-6）。

（1）业务流水号的填写方法。例如，2014 年 4 月 18 日第一票为 C398（客户代码）+年月日（如 140418）+001（当日的第一票），流水号即为 C398140418001。

（2）根据订单信息填写包装单位，核算总数量、总体积。

表 4-6 收货计划表

序号	业务流水号	包装单位	总数量	总体积	备注
1					
2					
3					
4					
5					

【考核与评价】

考核与评价表

<table>
<tr><td colspan="2">被考评小组（个人）</td><td></td><td colspan="2">被考核小组成员名单</td><td colspan="3"></td></tr>
<tr><td>考核内容</td><td colspan="7"></td></tr>
<tr><td rowspan="6">考核标准</td><td>考核要点</td><td>分值（分）</td><td>自我评价（40%）</td><td>他人（他组）评价（平均）（30%）</td><td>教师评价（30%）</td><td>合计（100%）</td><td>备注</td></tr>
<tr><td>操作能力</td><td>30</td><td></td><td></td><td></td><td></td><td></td></tr>
<tr><td>团队合作精神</td><td>25</td><td></td><td></td><td></td><td></td><td></td></tr>
<tr><td>语言表达</td><td>20</td><td></td><td></td><td></td><td></td><td></td></tr>
<tr><td>参与讨论的积极性</td><td>15</td><td></td><td></td><td></td><td></td><td></td></tr>
<tr><td>内容</td><td>10</td><td></td><td></td><td></td><td></td><td></td></tr>
<tr><td colspan="2">合计</td><td>100</td><td></td><td></td><td></td><td></td><td></td></tr>
</table>

【练习与自测】

1. 根据学习的内容并借助相关参考资料，制作一张入库单。
2. 收货计划表的填写方法有哪些？

学习情境五　货物检验与问题处理

【学习目标】

一、专业能力目标

1. 知识目标

（1）能说出货物检验的概念、常用的货物检验方式；

（2）能描述接收检验货物专业理论，能描述相关知识，描述接收检验货物基础流程操作；

（3）能合理设计货物接收检验流程；

（4）能处理和利用影响接收检验的各种因素；

（5）能说出并进行5S管理操作；

（6）能知道货物延误处理、货物破损处理的内容。

2. 能力目标

（1）能够进行货物的检验操作；
（2）能熟练操作接收检验货物设施设备；
（3）能够进行货物延误处理（填写延误处理单、编制货损单）。

二、非专业能力目标

1. 方法能力目标

（1）能够能集中注意力阅读材料；
（2）能够在团队中根据任务进行计划、决策并组织成员执行任务；
（3）能够独立处理问题。

2. 社会能力目标

（1）能够与工作人员进行有效沟通；
（2）能够进行团队协作，并能在团队中表达自己思想、执行团队任务；
（3）能够在工作结束时做好5S管理。

【工作情境】

2018年9月21日上午09：00，京东物流安排送货司机老张将郑州××贸易有限公司的货物送到成都市××物流集团有限公司仓储部，公司安排你与超市收货员一起，将要完成货物收货检验工作，并对检验过程中所出现的问题进行处理。到货信息详见入库通知单。通过货物收货检验，发现中华牌2B铅笔少了2支，微记煮瓜子有2袋外包装胀气，文具圆形打孔器数量少1个，手握式打孔器数量多1个（多的1个规格是2 mm）。

【工作任务】

（1）请认真阅读文章并标记关键词。

个人工作/工作时间：10 min

（2）请你阅读完学习材料后，把你获取到的文本信息中的关键词记录在学习材料的学习任务表上。

个人工作/工作时间：10 min

（3）请与你的邻座或小组内成员对比讨论，在此过程中理解共同点和不懂的问题。

小组工作/工作时间：10 min

（4）教师检查并梳理学生对于货物检验及问题处理的理解。

个人工作/工作时间：10 min

（5）回顾工作情景，邻座一起讨论，根据入库通知单和送货单完成入库单、物料卡和货物异常报告单的填写。

小组工作/工作时间：20 min

（6）在小组内阐述各自在填写单证的过程中遇到的问题并讨论如何处理，形成小组的最优答案。

小组工作/工作时间：20 min

（7）小组把最优结果展示在展板上，并派一名同学根据展板内容阐述自己的观点及思路。

小组工作/工作时间：30 min

（8）教师总结。

个人工作/工作时间：10 min

【工作实施指导】

货物入库验收是指仓库在物品正式入库前，按照一定的程序和手续，对到库物品进行数量和外观质量的检查，以验证它是否符合订货合同规定的一项工作。

通过验收不仅可以防止企业遭受经济损失，而且可以起到监督供货单位和承运商的作用，同时也可指导保管和使用。具体表现为：

（1）入库验收可为物品保管和使用提供可靠依据。

（2）验收记录是货主退货、换货和索赔的依据。

（3）验收是避免物品积压，减少经济损失的重要手段。

（4）验收有利于维护国家利益。

验收工作是一项技术要求高、组织严密的工作，关系到整个仓储业务能否顺利进行，所以，必须做到准确、及时、严格、经济。

一、验收作业的程序

验收作业的程序为：验收准备、核对凭证、实物检验。

1. 验收准备

其包括人员准备、设备准备、资料准备、货位准备、工具准备等。

此外，对于有些特殊物品的验收，例如毒害品、腐蚀品、放射品等，还要准备相应的防护用品，计算和准备堆码、苫垫材料，对进口物品或存货单位指定需要进行质量检验的，应通知有关检验部门会同验收。

2. 核对凭证

入库物品必须具备下列凭证：

（1）业务主管部门或货主提供的入库通知单和订货合同副本，是仓库接收物品的凭证。

（2）供货单位提供的材质证明书、装箱单、磅码单、发货明细表等。

（3）物品承运单位提供的运单；若物品在入库前发现残损情况的，还要有承运部门提供的货运记录或普通记录，作为向责任方交涉的依据。

3. 实物检验

实物检验就是根据入库单和有关技术资料对实物进行数量和质量检验。一般情况下，或者合同没有约定检验事项时，仓库仅对物品的品种、规格、数量、外包装状况，以及无须开箱、拆捆而可以直观可见可辨的外观质量情况进行检验。但是在进行分拣、配装作业的仓库里，通常需要检验物品的品质和状态。

数量检验是保证物品数量准确的重要步骤。按物品性质和包装情况，数量检验主要有计件、检斤、检尺求积等形式。在进行数量验收时，必须与供货方采用相同的计量方法。采取何种方法计量要在验收记录中做出记载，出库时也按同样的方法计量，避免出现误差。

按件数供货或以件数为计量单位的物品，做数量验收时要清点件数。一般情况下，计件物品应全部逐一点清。对于固定件数包装的小件物品，如果包装完好，打开包装则不利于以后进行保管，所以通常情况下，国内物品只检查外包装，不拆包检查，而进口物品则按合同或惯例办理。

按重量供货或以重量为计量单位的物品，做数量验收时有的采用检斤称量的方法，有的则采用理论换算的方法。按理论换算重量的物品，先要通过检尺，例如金属材料中的板材、型材等，然后，按规定的换算方法换算成重量验收。对于进口物品，原则上应全部检斤，但如果订货合同规定按理论换算重量交货的，则按合同规定办理。

按体积供货或以体积为计量单位的物品，例如木材、竹材、砂石等，做数量验收时要先检尺，后求积。

在做数量验收之前，还应根据物品来源、包装好坏或有关部门规定，确定对到库物品是采取抽验还是全验方式。

在一般情况下，数量检验应全验，即按件数全部进行点数；按重量供货的应全部检斤，按理论重量供货的应全部检尺，然后换算为重量，以实际检验结果的数量为实收数。对于大批量、同包装、同规格、较难损坏的物品，质量较高、可信赖的，可以采用抽验的方式检验。

二、货物验收中发现问题的处理

在物品验收过程中，如果发现物品数量或质量有问题，应该严格按照有关制度进行处理。验收过程中发现的数量和质量问题有可能发生在各个流通环节，按照有关规章制度对问题进行处理，有利于分清各方的责任，并促使有关责任部门吸取教训，改进今后的工作。

（1）凡属承运部门造成的货物数量短缺、外观破损等，应凭接运时索取的货运记录，向承运部门索赔。

（2）如发生到货与订单、入库通知单或采购合同不相符的，尽管运输单据上已标明本库为收货人的货物，仓库原则上也应拒收，或者同有关业务部门沟通后，将货物置于待处理区域，并做相应的标记。

（3）凡必要的证件不齐全的，应将货物置于待处理区域，并做相应的标记，待证件到齐后再进行验收。

（4）凡有关证件已到库，但在规定时间内货物尚未到库的，应及时向存货单位反映，以便查询处理。

（5）供货单位提供的质保书与存货单位的进库单、合同不符的，做待处理货物等待处理，不得随意动用，并要通知存货单位，按存货单位提出的办法处理。

（6）凡数量差异在允许的磅差以内，仓库可按应收数入账；若超过磅差范围，应查对核实，做好验收记录，并提出意见，送存货单位再行处理。该批货物在做出结案前，不准随意动用，待结案后，才能办理入库手续。

（7）当规格、品质、包装不符合要求或发生错发时，应先将合格品验收，再将不合格品或错发部分分开并进行查对，核实后将不合格情况向收货人说明，并将货物置于不合格品隔离区域，做相应的标记。对于错发货物，应将货物置予待处理区域，做相应的标记。并应及时通知相关业务部门或货主，以便尽快处理。

（8）进口货物在订货合同上均规定索赔期限。有问题必须在索赔期限内申报商检局检验出证，并提供验收报告及对外贸易合同和国外发货单、运输单据或提单、装箱单、磅码单、检验标准等单证资料，以供商检局审核复验。若缺少必要的单证技术资料，应分别向有关外贸公司和外运公司索取，以便商检局复验出证和向外办理索赔手续。

（9）对于需要对外索赔的货物，未经商检局检验出证的，或经检验提出退货或换货的，出证应妥善保管，并保留好货物原包装，以供商检局复验。

作业任务表见表 5−1。

表 5−1　作业任务表

序号	问题	答案
1	货物检验概念	
2	货物检验作用	
3	货物检验步骤	
4	货物检验方法	
5	货物检验问题处理	

入库通知单、送货单、入库单、物料卡、入库异常报告分别见图 5−1 至图 5−5。

入库通知单						
客户名称		四川××达物流科技有限公司		送货日期	2018/09/21	
客户编码		ZH100003		送货地址	成都市青白区××路××号	
接运方式		送货		承运商	京东物流	
序号	货物名称	货物编号	规格	单位	数量	备注
1	农夫山矿泉水	9000123	500 mL	瓶	3	
2	南孚电池（7号）	7000831	2节	卡	2	
3	洽洽芝士瓜子	2000890	108 g	袋	2	
4	中华牌2B铅笔	4000138	12支	盒	2	
5	圆形打孔器	3000789	2 mm	支	1	
6	上海香皂硫黄皂	1200005	85 g	块	4	
7	手握式打孔器	1087825	6 mm	支	4	
8	微记煮瓜子	9422227	100 g	袋	3	
				制单人签字和日期：		

图5-1 入库通知单

送货单

订单编号：Z000001　送货日期：2018/09/21

供货单位名称：四川××达物流科技有限公司　供货单位编码：ZH100003

收货单位：成都市××物流集团有限公司　收货地址：成都市青白区××路××号

序号	货物名称	货物编号	规格	单位	计划数量	实收数量
1	农夫山矿泉水	9000123	500 mL	瓶	3	
2	南孚电池（7号）	7000831	2节	卡	2	
3	洽洽瓜子	2000890	60 g	袋	5	
4	中华牌2B铅笔	4000138	12支	盒	2	
5	圆形打孔器	3000789	2 mm	支	5	
6	上海香皂硫黄皂	1200005	85 g	块	4	
7	手握式打孔器	1087825	6 mm	支	4	
8	微记煮瓜子	9422227	100 g	袋	4	

第一联：收货单位留存联

第二联：供货单位留存联

第三联：承运商存根

送货人签字和日期　　收货人签字和日期

图5-2 送货单

入库单

订单编号： 库区编号：ZY0005

客户名称		四川××达物流科技有限公司		送货日期	2018/09/21	
客户编码		ZH100003		送货地址	成都市青白江区××路××号	
接运方式		送货		承运商	京东物流	
序号	货物名称	货物编号	规格	单位	数量	备注
1						
2						
3						
4						
5						
6						

第一联仓储部留存联

第二联采购部存存联

第三联财务部留

制单人签字和日期

图5−3 入库单

物料卡

日期	订单编号	入库数量	出库数量	库存数量	操作页签字	备 注

图5−4 物料卡

入库异常报告

订单编号：

客户名称			送货日期		
客户编码			送货地址		
接运方式			承运商		

序号	货物名称	货物编码	规格	单　位	异常情况说明	处理结果

检验人签字和日期

图 5-5　入库异常报告

【考核与评价】

考核与评价表

被考评小组（个人）			被考核小组成员名单				
考核内容							
考核标准	考核要点	分值（分）	自我评价（40%）	他人（他组）评价（平均）（30%）	教师评价（30%）	合计（100%）	备注
	操作能力	30					
	团队合作精神	25					
	语言表达	20					
	参与讨论的积极性	15					
	内容	10					
合计		100					

【练习与自测】

1. 检查送货单时，要核对订单中哪几项内容？
2. 检查货物的外包装时，要检查哪几项内容？
3. 如检验不合格商品，你将如何处理？该如何办理退货？

项目二　仓储货物

学习情境六　情境创设　企业导入

【学习目标】

一、专业目标

1. 知识目标

能分辨仓储活动的类型。

2. 能力目标

能制作并完善简历。

二、非专业能力目标

1. 方法能力目标

（1）能够收集信息并总结归纳关键内容。
（2）能够集中注意力阅读材料并思考。
（3）能够发现问题，解决问题。

2. 社会能力目标

（1）能够清晰表达自己见解并倾听他人意见和建议。
（2）具有团队协作的能力。

【工作任务】

（1）请仔细阅读材料，完成图中的概念匹配。

个人工作/工作时间：10 min

（2）请仔细阅读材料中的企业信息并用一句话简短概括样板企业的情况，写在学习材料上。

小组工作/工作时间：10 min

（3）将你概括的情况与邻座进行交流，互相补充，形成共识。

小组工作/工作时间：5 min

（4）画出样板企业总部地理位置的示意图，展示和描述其区位优势和交通条件（可以借助电子地图和电脑、Office 等工具和软件）

小组工作/工作时间：25 min

（5）采用博物馆参观法，并评选出最佳地理位置示意图。

小组工作/工作时间：5 min

（6）老师讲解正确的地理位置示意图，并指出每组的错误。

个人工作/工作时间：10 min

（7）请每组同学使用餐垫法总结出××物流新建仓库需要哪些作业人员，并派出一位同学讲解。

小组工作/工作时间：15 min

（8）阅读材料信息，每组同学选择应聘一个工作岗位，并填写表 6-5。采用博物馆法，其余同学参观其他组的成果。

小组工作/工作时间：30 min

（9）教师讲评，并评出最佳简历。

个人工作/工作时间：10 min

（10）每组现场模拟招聘作业人员，一位同学扮演应聘人员，一位同学扮演人事考官。

小组工作/工作时间：40 min

（11）每组同学总结，讲解该职位的职责。

小组工作/工作时间：25 min

（12）教师总结。

个人工作/工作时间：15 min

【工作情境】

成都市××物流有限公司位于成都青白江物流园区，是成都市物流发展规划确定的四大物流基地之一。该公司业务广泛，能够提供综合性的仓储、运输、配送等服务。

【工作指导与实施】

一、我国的仓储活动

在我国，按仓储活动在社会再生产中的作用可分为：生产仓储、流通仓储、国家储备。生产仓储是指工矿生产企业为了保持生产的正常运行而保存的物质准备，这种储存是在生产领域中，已脱离了流通领域但尚未投入生产过程的储存。流通仓储指在生产中为保证再生产的正常运行而保持在流通领域的物品暂时停滞。国家储备是指国家有关机构代表国家为全国性的特殊原因所建立的物质储备。

按仓储的集中程度可分为集中仓储、分散仓储、零库存。集中仓储是指将一定的较大数量的物品集中于一个场所中的仓储方式。分散仓储是指仓储地点分布较广，每个仓储点的储存物品数量相对较低的一种仓储方式。零库存是现代物流学中的重要概念，是指生产与流通领域按照准时制管理模式组织物资供应，从而使整个流通过程物质库存达到最小化的一种现代仓储方式。

请根据以上文本信息，完成仓储活动的概念匹配。

( ) ( )

( ) ( )

二、成都××成物流有限公司概况

成都××成物流有限公司位于成都青白江物流园区。该园区位于成都市青白江区同心大道南延伸线，占地 295 亩，总建筑面积约 11.3 万平方米。青白江区地处成都市东北部，东连四川省金堂县，南邻成都市龙泉驿区，西接成都市新都区，北靠四川省广汉市，目前是西部最大的铁路物流枢纽，四川省唯一的铁路货运型国家对外开放口岸。园区地理位置优越，交通便利，具备良好的物流园区开发条件。园区周边公路、铁路相互配套的现代化交通网络是西南物流配送的绝佳选择。园区周边有省干线公路 G42 成南高速公路、G5 成绵高速公路、S2 成巴高速公路、G4202 成都第二绕城高速公路、G108 国道（大件路）、省道 101 线唐巴公路、成青快速通道；国家干线铁路宝成铁路及复线、达成铁路及复线、成渝铁路。该园区距离新工大道 2.6 公里，距离成金青快速路 1.8 公里，距离成绵高速 3.5 公里，距离成都市区 30 公里，距离至成都双流国际机场 50 公里。

三、思考

2018 年“双十一”期间，活动当日累计下单金额达到 1199 亿元。为再创辉煌业绩，成都市××物流有限公司决定增加货品存储量，以此缩短发货时间。××物流需要再增加一个仓库，那么今天你作为××物流区域经理，请你根据所学知识思考以下内容：

(1) 现在我们需要招聘哪些工作岗位作业人员？

（2）需要自建还是租赁仓库？

（3）建一个什么类型的仓库？

（4）在仓库中应该存储哪些类型货物？

四、个人简历

个人简历又称履历表，是求职材料中最为重要的部分，是求职者全面素质和能力体现的缩影。下面以部分个人简历为例（表 6-1 至表 6-5），向大家展示个人简历的基本内容及填写方法。

表 6-1 个人简历（样表 1）

<table>
<tr><td colspan="5">个人简历</td></tr>
<tr><td>姓　　名</td><td>罗××</td><td>性　　别</td><td>男</td><td rowspan="4">（照片）</td></tr>
<tr><td>政治面貌</td><td>党员</td><td>身　　高</td><td>175mm</td></tr>
<tr><td>出生年月</td><td>1990.06.22</td><td>籍　　贯</td><td>简阳</td></tr>
<tr><td>婚姻情况</td><td>未婚</td><td>学　　历</td><td>本科</td></tr>
<tr><td>专　　业</td><td>物流管理</td><td>毕业院校</td><td colspan="2">广州大学</td></tr>
<tr><td>毕业时间</td><td>2013.07</td><td>移动电话</td><td colspan="2">139××××××××</td></tr>
<tr><td>通信地址</td><td colspan="4">××××××××××××</td></tr>
<tr><td colspan="5">求职意向及工作性质</td></tr>
<tr><td colspan="5">工作性质：全职
希望职位：仓库保管员</td></tr>
<tr><td colspan="5">自我评价</td></tr>
<tr><td colspan="5">本人作风优良，待人诚恳，人际关系良好，处事冷静稳健，能合理地统筹安排生活中的事务。具备较强的逻辑思维方式，对事情认真负责，能吃苦受累，有很强的责任心和团队意识。自信、乐观，具有一定的创新意识。</td></tr>
<tr><td colspan="5">工作经验及工作职责</td></tr>
<tr><td colspan="5">1. 2014.10—2015.07：××印刷包装有限公司任仓储部仓库保管员
工作职责：制定仓库岗位责任与工作手册，修订与完善仓库各种文件，顺畅各种流程。对仓储人员进行培训与训练，并对其工作进行监督、检查、考核。统筹与规划仓库整体工作，安排管理所有人员的日常工作。
2. 2013.04—2014.08：××通信有限公司任仓储部仓库保管员
工作职责：依计划排程跟踪物料进度，及时提供欠料汇总，向外提供各种数据及报表。合理规划仓库，改善仓库环境，标准作业方式，方便生产、销售、物料进出。制定库存最大最少存量与安全库存，对不正常的到厂物料进行提醒与控制。</td></tr>
<tr><td colspan="5">教育经历</td></tr>
<tr><td colspan="5">2009.09—2013.06　广州大学</td></tr>
<tr><td colspan="5">语言能力</td></tr>
<tr><td colspan="5">英语（良好），听说（良好），读写（良好）</td></tr>
</table>

表 6-2　个人简历（样表 2）

<table>
<tr><td colspan="5">个人简历</td></tr>
<tr><td>姓　　名</td><td>刘××</td><td>性　　别</td><td>男</td><td rowspan="4">（照片）</td></tr>
<tr><td>政治面貌</td><td>群众</td><td>身　　高</td><td>170mm</td></tr>
<tr><td>出生年月</td><td>1987.06.22</td><td>籍　　贯</td><td>成都</td></tr>
<tr><td>婚姻情况</td><td>已婚</td><td>学　　历</td><td>专科</td></tr>
<tr><td>专　　业</td><td>物流管理</td><td>毕业院校</td><td colspan="2">广州职业技术学院</td></tr>
<tr><td>毕业时间</td><td>2012.07</td><td>移动电话</td><td colspan="2">139××××××××</td></tr>
<tr><td>通信地址</td><td colspan="4">××××××××××××</td></tr>
<tr><td>期望职位</td><td>叉车司机</td><td>到岗时间</td><td colspan="2">随时</td></tr>
<tr><td>薪酬期望（月薪）</td><td>3500 元以上</td><td>工作类型</td><td colspan="2">全职</td></tr>
<tr><td colspan="5">自我评价</td></tr>
<tr><td colspan="5">本人性格开朗，善于和他人交往，具于良好的沟通能力。有 8 年的仓库管理经验，熟悉整个仓库流程。有 3 年叉车驾驶经验。办公软件操作熟练，能操作 ERP 系统。</td></tr>
<tr><td colspan="5">工作经验及工作职责</td></tr>
<tr><td colspan="5">1. 2012.02—2014.02 ：××化工企业任仓库叉车司机
工作职责：主要负责仓库成品入库、调库及整理，成品出货装车和辅料的装卸工作。
2. 2009.3—2011.11：××有限公司任仓管兼叉车司机
工作职责：主要负责成品入库交接和整理、成品每日入账、出货明细手工账和电脑账、成品库存周期控制、月底对成品库存进行盘库。驾驶机动叉车备货。
3. 2005.09—2008.11：××五金制品有限公司任仓管员
工作职责：根据成品的尺寸订购出货用纸箱，进行分类入库管理。各类包材的质量检验及数量核对。五金配件的发放与管理，手工账和电脑账的录入。月底对库存进行盘库。</td></tr>
<tr><td colspan="5">教育经历</td></tr>
<tr><td colspan="5">2009.09 — 2012.07：广州职业技术学院</td></tr>
<tr><td colspan="5">证书</td></tr>
<tr><td colspan="5">物流员证书、叉车从业资格证、大学英语四级考试证书</td></tr>
</table>

表 6-3 个人简历（样表 3）

<table>
<tr><td colspan="5">个人简历</td></tr>
<tr><td>姓　　名</td><td>赵××</td><td>性　　别</td><td>女</td><td rowspan="4">（照片）</td></tr>
<tr><td>政治面貌</td><td>群众</td><td>身　　高</td><td>163mm</td></tr>
<tr><td>出生年月</td><td>1991.06.22</td><td>籍　　贯</td><td>自贡</td></tr>
<tr><td>婚姻情况</td><td>已婚</td><td>学　　历</td><td>专科</td></tr>
<tr><td>专　　业</td><td>物流管理</td><td>毕业院校</td><td colspan="2">深圳职业技术学院</td></tr>
<tr><td>毕业时间</td><td>2012.07</td><td>移动电话</td><td colspan="2">139××××××××</td></tr>
<tr><td>通信地址</td><td colspan="4">××××××××××××</td></tr>
<tr><td>期望职位</td><td>拣货员或者及其相关岗位</td><td>到岗时间</td><td colspan="2">随时</td></tr>
<tr><td>薪酬期望（月薪）</td><td>3500 元以上</td><td>工作类型</td><td colspan="2">全职</td></tr>
<tr><td colspan="5">自我评价</td></tr>
<tr><td colspan="5">具有良好的人际关系和沟通协调能力。有 6 年的仓库拣货经验。熟悉拣货各个流程以及拣货注意事项。</td></tr>
<tr><td colspan="5">工作经验及工作职责</td></tr>
<tr><td colspan="5">1.2012.10—2015.07：××仓储有限公司任仓库拣货员
工作职责：负责仓库商品出货拣货以及货品品质维护以及盘点工作。
2.2015.08—2018.07：××物流有限公司任仓库拣货员
工作职责：按客户要求完成每天的拣货任务，按先进先出与品质要求拣货，负责拣货区商品保管、品质维护与 5S 工作，负责拣货工作上下游异常的处理与反馈，参与库存商品盘点工作，负责工作使用设备、工具的正常领取、维护与归还以及完成上级安排的其他工作。</td></tr>
<tr><td colspan="5">教育经历</td></tr>
<tr><td colspan="5">2009.09—2012.07：深圳职业技术学院</td></tr>
<tr><td colspan="5">证书</td></tr>
<tr><td colspan="5">物流员证书、计算机等级证书</td></tr>
</table>

表 6−4　个人简历（样表 4）

<table>
<tr><td colspan="6">个人简历</td></tr>
<tr><td>姓　　名</td><td>刘××</td><td>性　　别</td><td colspan="2">女</td><td rowspan="4">（照片）</td></tr>
<tr><td>政治面貌</td><td>群众</td><td>身　　高</td><td colspan="2">165mm</td></tr>
<tr><td>出生年月</td><td>1991.07.12</td><td>籍　　贯</td><td colspan="2">德阳</td></tr>
<tr><td>婚姻情况</td><td>已婚</td><td>学　　历</td><td colspan="2">专科</td></tr>
<tr><td>专　　业</td><td>物流管理</td><td>毕业院校</td><td colspan="3">广州职业技术学院</td></tr>
<tr><td>毕业时间</td><td>2012.07</td><td>移动电话</td><td colspan="3">139××××××××</td></tr>
<tr><td>通信地址</td><td colspan="5">×××××××××××××</td></tr>
<tr><td>期望职位</td><td>理货员或者
及其相关岗位</td><td colspan="2">到岗时间</td><td colspan="2">随时</td></tr>
<tr><td>薪酬期望（月薪）</td><td>3500 元以上</td><td colspan="2">工作类型</td><td colspan="2">全职</td></tr>
<tr><td colspan="6">自我评价</td></tr>
<tr><td colspan="6">本人性格热情开朗，待人友好，为人诚实谦虚。工作勤奋，认真负责，能吃苦耐劳，尽职尽责，有耐心。具有亲和力，平易近人，善于与人沟通。熟悉仓库的运作与管理流程，能对仓库实施 5S 管理。熟悉物流仓储各个操作软件。</td></tr>
<tr><td colspan="6">工作经验及工作职责</td></tr>
<tr><td colspan="6">1.2012.10—2015.10：××电器任仓库理货操作员
工作职责：负责责任区域内商品的市场调查，向主管提交调查报告及调整意见；责任期内商品的补货、上架、陈列、打价签；负责责任区内价格标签的配置和核对；负责责任区内商品陈列及排面整理；负责责任区域内商品的促销。
2.2015.11—2018.07：××超市任仓库理货操作员
工作职责：负责责任区内商品的补货、上架、陈列、打价签；负责责任区内价格标签的配置和核对；负责责任区内商品陈列及排面整理。</td></tr>
<tr><td colspan="6">教育经历</td></tr>
<tr><td colspan="6">2009.09—2012.07：广州职业技术学院</td></tr>
<tr><td colspan="6">证书</td></tr>
<tr><td colspan="6">物流员证书、计算机等级证书</td></tr>
</table>

表 6-5　个人简历

个人简历				
姓　　名		性　　别		
政治面貌		身　　高		
出生年月		籍　　贯		
婚姻情况		学　　历		
专　　业		毕业院校		
毕业时间		移动电话		
通信地址				
求职意向				
工作性质： 希望职位：				
专业技能				
教育背景				
你为什么要应聘该岗位				
如果该职位你应聘成功，那么你应该做些什么工作				

五、仓储各岗位职责

1. 理货员的岗位职责

（1）热爱本职工作，遵守公司以及货站的各项管理规定，严格服从上级领导的工作安排；

（2）努力学习业务知识，在工作中提升自己的业务能力；

（3）应当礼貌待人，文明作业，不能以任何理由和客人发生任何冲突，保持公司的文明形象；

（4）有良好的职业操守，不做任何违法犯罪的行为，严禁监守自盗，保证货物的安全与完好。

2. 拣货员工作岗位职责

（1）检查批次以及拣货单内容的完整性；
（2）核对相应拣货单的装箱单、快递单是否一一对应；
（3）把相应的拣货车分单；
（4）按货位拣货；
（5）把拣完货的拣货车放到指定位置；
（6）拣货过程中检查货位信息是否准确。

3. 仓库管理员岗位职责

（1）自觉遵守公司的各项规章制度；
（2）服从上级的领导及工作安排，并直接对上级负责；
（3）熟悉公司现有的各类产品并及时了解公司新的产品，了解公司下属各生产部门的地理位置；
（4）负责管理并安排仓库的发货员及其他工人的日常工作；
（5）如实填写仓库货物的进出记录和库存物品清单，做好物品的存放工作，并确保仓库物品在保管期间保持完好状态；
（6）负责仓库办公用品的正常使用及安全，并做好日常保养工作；
（7）负责仓库所有相关文件的真实记录和存档保管工作。

4. 叉车工岗位职责

（1）叉车工必须持有“行业操作证书”方能上岗操作，严禁无证开车；
（2）熟练掌握叉车的性能，严格遵守操作规程，严禁擅自开车，严禁酒后开车，严禁人货混装，严禁超速开车；
（3）进出车间大门、生产现场及倒车时时速不得超过5公里，厂区内时速不得超过20公里；
（4）听从指挥，积极主动，协助生产管理人员做好本职工作；
（5）定期定时对所操作的车辆进行加油、润滑等保养工作。

5. 行车工岗位职责

（1）行车工必须熟练掌握行车起吊、运行的基本原理和操作性能，必须经考试合格取得“特种行业操作证”方可上岗；
（2）行车工作业时思想应高度集中、密切配合、谨慎操行，必须做到令行禁止，服从领导，积极配合，严格遵守生产车间的各项规章制度和劳动纪律；
（3）遵守行车工安全生产操作规程，定期定时对所操作的机械设备进行润滑加油以及日常保养。

【考核与评价】

考核与评价表

被考评小组（个人）			被考核小组成员名单				
考核内容							
考核标准	考核要点	分值（分）	自我评价（40%）	他人（他组）评价（平均）（30%）	教师评价（30%）	合计（100%）	备注
	操作能力	30					
	团队合作精神	25					
	语言表达	20					
	参与讨论的积极性	15					
	内容	10					
合计		100					

【练习与自测】

岗位轮换练习。如果你在应聘某岗位时被淘汰了，成都市××物流有限公司的其他岗位还有剩余，请你再制作一份个人简历去参加应聘。

学习情境七　仓库分区分类

任务一　仓库分类

【学习目标】

一、专业目标

1. 知识目标

了解仓库的概念。

2. 能力目标

能说出仓储的类型及仓库的类别。

二、非专业能力目标

1. 方法能力目标

（1）能够运用关键词法完成总结与归纳；
（2）能够发现问题，学会解决问题。

2. 社会能力目标

（1）能够倾听他人的意见；
（2）培养团队协作的能力。

【工作任务】

（1）请认真阅读文章并标记关键词。

个人工作/工作时间：10 min

（2）请将你标记的关键词与表中所列的关键词比较。请勾出那些你能够用自己的话讲述（最多四句）的概念，并记录在学习材料上。

个人工作/工作时间：15 Min

（3）请与你的邻座轮流解释各个概念，在此过程中共同搞明白不懂的问题。

小组工作/工作时间：15 min

（4）教师检查并梳理学生对于关键词的理解。

个人工作/工作时间：20 min

（5）利用卡片法、旋转木马游戏，共同搞清楚关键词概念。

小组工作/工作时间：15 min

（6）教师总结。

个人工作/工作时间：5 min

【工作情境】

为满足成都市××物流有限公司业务发展需要，你将和你的同事一起，规划建设公司商城所需要的仓库，下面是为你提供的一些学习资料。

【工作指导与实施】

一、仓库

仓库由储存物品的库房、运输传送设施（如吊车、电梯、滑梯等）、出入库房的输送管道和设备以及消防设施、管理用房等组成。仓库按所储存物品的形态可分为储存固体物品的、液体物品的、气体物品的和粉状物品的仓库，按储存物品的性质可分为储存原材料的、半成品的和成品的仓库，按建筑形式可分为单层仓库、多层仓库、圆筒形仓库。

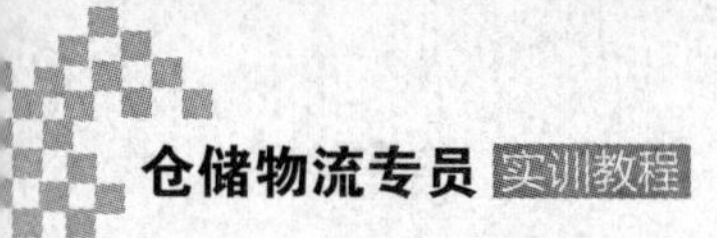

（一）按保管条件分类

1. 恒温仓库

恒温仓库用来储存罐头、食品、水果、蔬菜、鲜花等物品。在寒冷、酷热的地区和季节，类似上述的物品需要在恒温状态下保管，使储存到恒温仓库的物品储存温度、湿度得到有效的控制，从而确保物品的品质。恒温仓库的温度规定为22℃±5℃，湿度规定为30%～70%，其结果记录于恒温仓库温湿度记录表上。温度及湿度由仓库每日上班后核对并作好记录。若上述标准出现误差，由仓库通知工程部作出相应的处理。

2. 冷藏库

冷藏库是利用降温设施创造适宜的湿度和低温条件的仓库，又称冷库，是加工、储存农畜产品的场所。

3. 普通仓库

普通仓库用于存放无特殊保管要求的物品。

4. 气调库

气调储存是当今最先进的果蔬保鲜储存方法。它是在冷藏的基础上，增加气体成分调节，通过对储存环境中温度、湿度、二氧化碳、氧气浓度和乙烯浓度等条件的控制，抑制果蔬呼吸作用，延缓其新陈代谢过程，更好地保持果蔬新鲜度和商品性，延长果蔬储存期和保鲜期（销售货架期）。通常气调储存比普通冷藏可延长储存期0.5～1倍；气调库内储存的果蔬，出库后先从“休眠”状态“苏醒”，这使果蔬出库后保鲜期（销售货架期）可延长21～28天，是普通冷藏库的4～5倍。由于果蔬长期受低氧气和高二氧化碳的作用，当解除气调状态后果蔬仍有一段很长时间的“滞后效应”或休眠期；适于长途运输和外销。果蔬质量明显改善，为外销和运销创造了条件；许多果蔬能够达到季产年销周年供应，创出良好的社会和经济效益。

5. 特种仓库

特种仓库是指用以保存具有特殊性能、要求特别保管条件的物品的仓库，是根据商品的物理、化学、生物性能、特点和保管要求而建立的，具有不同的建筑、技术装备和装卸、搬运、保管条件，以及防火、防毒、防爆炸、防腐蚀等安全设施，并有严格的管理制度和管理人员专业训练制度。

（二）按建筑结构分类

1. 多层仓库

多层仓库是指两层以上建筑的仓库，该类仓库的结构大多采用钢筋混凝土结构，承受压力大，占地面积小，仓库容量大。该类仓库常设多层货架，进一步增加了物品储存量，为物品的储存提供了较优越的条件，还可为仓库实现机械化、自动化，开展科技养护和现代化管理打下基础。一般建在靠近市区的地方，因为它的占地面积较小，建筑成本可以控制在有效范围内，所以，多层仓库一般经常用来储存城市日常用的高附加值的小型商品。多层仓库存在的问题在于建筑和使用中的维护费用较大，一般商品的存放成本较高。

2. 罐式仓库

其一般储存散装水泥、干矿渣、粉煤灰、散装粮食、石油、煤气等气体。圆筒形仓库的建筑设计根据储存物品的种类和进卸料方式而确定。库顶、库壁和库底必须防水、防潮，库顶应设吸尘装置。为便于日常维修，要设置吊物孔、人孔（库壁设爬梯）、量仓孔和起重吊钩等。圆筒形仓库一般用现浇预应力钢筋混凝土结构，用滑模法施工。储油库和储气库则用金属结构。要注意仓库的通风，每层仓库的外墙上应设置百叶窗，百叶窗外加金属网，以防鸟雀。危险品库如储油（气）或储化工原料的仓库必须防热防潮，在屋面上加隔热层或按防爆屋面设计，出入口设置防火隔墙，地面用不产生火花的材料，一般可用沥青地面。贮油库要设置集油坑。食品仓库要防蚁防蜂。

3. 立体仓库

其又称为高层货架仓库。一般是指采用几层、十几层乃至几十层高的货架储存单元货物，用相应的物料搬运设备进行货物入库和出库作业的仓库。这类仓库能充分利用空间储存货物，故一般都较高。其高度一般在 5 米以上，最高达到 40 米，常见的立体仓库在 7～25 米之间。立体仓库必然是机械化仓库。由于货架在 5 米以上，人工已难以对货架进行进出货操作，因而必须依靠机械进行作业。

4. 单层仓库

其全部仓储作业都在一个层面上进行，货物在库内装卸和搬运方便；各种设备（如通风、供水、供电等）的安装、使用和维护比较方便；仓库地面能承受较重的货物堆放。但是，单层仓库的建筑面积利用率较低，在城市土地使用价格不断上涨的今天，在市内建造这类仓库，其单位货物的存储成本较高，故单层仓库一般建在城市的边缘地区。单层仓库适于储存金属材料、建筑材料、矿石、机械产品、车辆、油类、化工原料、木材及其制品等。水运码头仓库、铁路运输仓库、航空运输仓库多用单层建筑，以加快装卸速度。

（三）按使用范围分类

1. 保税仓库

其是指由海关批准设立的供进口货物储存而不受关税法和进口管制条例管理的仓库。储存于保税仓库内的进口货物经批准可在仓库内进行改装、分级、抽样、混合和再加工等，这些货物如再出口则免缴关税，如进入国内市场则须缴关税。各国对保税仓库货物的堆存期限均有明确规定。设立保税仓库除为贸易商提供便利外，还可促进转口贸易。

2. 公共仓库

公共仓库是指国家或企业向社会提供的仓库，专门向客户提供相对标准的仓库服务，并收取费用的仓库。

3. 自营仓库

自有仓库又称自营仓库，是指由企业或各类组织自营自管，为自身提供储存服务的仓库，仓库的建设、保管物品的管理以及出入库等业务均匀由公司自己负责。

（四）按储存物资种类分类

1. 综合性仓库

综合性仓库，又称通用型仓库，即在一个仓库里储存多种不同属性的物资。在综合性仓库里，所储存的各种物资的化学、物理性能必须是互不影响的。

2. 专业库

专业库是只用于存放某一种或某一大类物品的仓库，例如粮食库、酒库。

【考核与评价】

考核与评价表

被考评小组（个人）			被考核小组成员名单				
考核内容							
考核标准	考核要点	分值（分）	自我评价（40%）	他人（他组）评价（平均）（30%）	教师评价（30%）	合计（100%）	备注
	操作能力	30					
	团队合作精神	25					
	语言表达	20					
	参与讨论的积极性	15					
	内容	10					
合计		100					

【练习与自测】

请结合所学内容，简述以下图片分别代表了哪种仓库类型，并填写在括号内。

(　　　)　　(　　　)
(　　　)　　(　　　)

任务二　仓储成本

【学习目标】

一、专业目标

1. 知识目标

了解仓储成本的构成。

2. 能力目标

能分析和控制仓储成本。

二、非专业能力目标

1. 方法能力目标

(1) 能运用卡片法锻炼阅读理解、总结归纳能力；
(2) 能够倾听，并具有明确任务的能力、管理能力。

2. 社会能力目标

（1）具备沟通交流、表达问题的能力；

（2）培养团队协作的能力。

【工作任务】

（1）每个同学在卡片上写出三种类型仓库仓储成本的构成。

个人工作/工作时间：10 min

（2）将你填写的内容与组内成员进行交流，互相补充，形成共识。

小组工作/工作时间：5 min

（3）请每个小组派出一名成员讲解本小组总结出的三种类型仓库仓储成本的构成。

小组工作/工作时间：15 min

（4）用卡片法抽同学回答固定成本和变动成本的内容。

小组工作/工作时间：10 min

（5）每个小组从仓储成本构成信息指导中分析怎样控制仓储成本，并展示在海报上。

小组工作/工作时间：25 min

（6）利用博物馆展览法，各小组参观其他小组的作品，并提出意见。

个人工作/工作时间：15 min

【工作情境】

成都市××物流有限公司采用新到员工轮岗模式，今天你将到财务部轮岗学习，下面是你要学习的内容，学习完以后将会进行基础测试。

【工作指导与实施】

一、仓储成本

仓储成本是指由仓储作业（如流通加工、分拣、装卸搬运、出入库操作等）带来的成本，以及建造、购置仓库等设施设备所带来的成本。仓储成本对企业物流成本的影响具有两重性。一方面，拥有适当的库存，可以避免由于缺货而进行紧急采购引起的成本提高；适当的库存使企业能在有利时机进行销售，或在有利时机实施购进，从而增加销售利润或减少购进成本。另一方面，仓储作为一种停滞，也常常会冲减物流系统效益、恶化物流系统运行，从而冲减企业利润。这主要是因为在存的过程中产品的使用价值可能不断降低；同时，为了实施仓储活动，必须有成本的支出，这都会冲减利润。因此，研究仓储成本的构成，合理计算仓储成本，合理控制仓储成本，加强仓储成本管理是企业物流管理的一项重要内容。

二、建造、购买或租赁仓库等设施设备所带来的成本

1. 企业自有仓库

自有仓库是企业自己建造，供经营所需而且能够长期使用的固定设施，是一种可以多次参加企业的生产经营过程而不改变其实物形态的固定资产。

（1）仓库等设施设备的价值损耗。

①有形损耗。有形损耗是指仓库等设施设备由于使用和自然力的影响而引起的服务潜能的降低。

②无形损耗。无形损耗是指仓库等设施设备本身的服务潜能未受影响，但由于科学技术的进步而引起的仓库等设施设备价值的降低。

（2）自有仓库等设施设备的折旧方法。

自有仓库等设施设备的折旧通常受到计提折旧的基数、仓库等设施设备的净残值、仓库等设施设备的使用年限等因素的影响。

2. 租赁仓库

当企业不自建仓库时，可以采用租赁仓库的方式来满足企业对于仓储空间的需求，租赁仓库一般只提供存储货品的服务，很少或根本不提供其他物流服务。

租赁仓库的租金费用属于仓储成本，通常是根据企业在一定时期内租用的仓储空间的大小来收取的，但随市场供求情况的变化，租赁仓库的价格会受市场上可供租赁的仓储空间的供给量与需求量的制约。

租赁仓库的租金合约一般期限都很长（如 5 年），而企业租用的空间大小是基于该期限内的最大储存需求而定的。当企业的库存没有达到最大值时，租金不会因为仓储空间没有被充分利用、存在空余而减小。因此，租赁仓库的租金价格不会随着库存水平变化而每天波动，它与库存水平无关。

此外，如果企业停止租赁，则租赁仓库所带来的所有费用都会消失。

3. 公共仓库

公共仓库与租赁仓库的区别是：公共仓库在提供仓储空间的同时，可以为企业提供各种各样的物流服务，比如卸货、存储、存货控制、订货分类、拼箱、运输安排、信息传递以及企业要求的其他服务。公共仓库的合同属于短期合同，企业可以根据情况对合同进行及时的变更。公共仓库合同的灵活性使得企业能够适应多变的市场环境。

公共仓库的收费是由公共仓库的提供方和公共仓库的承租方通过谈判来确定的。

公共仓库的收费由三个部分组成：存储费、搬运费和附加成本。它们各自具有不同的特征，而且它们的费率通常也是各不相同的。

存储费与企业在公共仓库中存储物品的数量以及存储时间关系密切，是依据企业在公共仓库中存储物品的数量来计算的，有时也会按产品实际占用的仓储空间计收，以平方米或立方米计算。

三、仓储成本构成

1. 仓储持有成本

仓储持有成本是指为保持适当的库存而发生的成本。

(1) 资金占用成本。

资金占用成本也称为利息费用或机会成本，是仓储成本中的隐性成本。

(2) 仓储维护成本。

仓储维护成本主要包括与仓库有关的租赁、取暖、照明、设备折旧、保险费用和税金费用等。

(3) 仓储运作成本。

仓储运作成本是指与商品的出入库有关的物流作业成本，即通常所说的搬运装卸成本。

(4) 仓储风险成本。

仓储风险成本是指由于企业无法控制的原因造成的库存商品的贬值、损坏、丢失、变质等损失。

2. 订货或生产准备成本

(1) 订货成本。

订货成本是指企业为了实现一次订货而进行的各种活动的费用，包括处理订货的差旅费、办公费等支出。

(2) 生产准备成本。

生产准备成本是指当库存的某些产品不由外部供应，而是由企业自己生产时，企业为生产一批货物而进行准备的成本。

3. 缺货成本

缺货成本是指由于库存供应中断而造成的损失，包括原材料供应中断造成的停工损失、产成品库存缺货造成的延迟发货和丧失销售机会的损失及商誉的损失等。

(1) 保险库存的持有成本。

为了避免缺货，许多企业都会考虑保持一定数量的保险库存，但保险库存的增加相应地会增加库存成本。

(2) 缺货成本。

缺货成本是由于外部或内部供应中断所产生的。

4. 在途库存持有成本

商品在运输途中仍属于销售方的库存。一般来说，在途库存持有成本主要包括在途库存的资金占用成本和保险费用。

【考核与评价】

考核与评价表

<table>
<tr><td colspan="2">被考评小组（个人）</td><td></td><td colspan="2">被考核小组成员名单</td><td colspan="3"></td></tr>
<tr><td>考核内容</td><td colspan="7"></td></tr>
<tr><td rowspan="6">考核标准</td><td>考核要点</td><td>分值（分）</td><td>自我评价（40%）</td><td>他人（他组）评价（平均）（30%）</td><td>教师评价（30%）</td><td>合计（100%）</td><td>备注</td></tr>
<tr><td>操作能力</td><td>30</td><td></td><td></td><td></td><td></td><td></td></tr>
<tr><td>团队合作精神</td><td>25</td><td></td><td></td><td></td><td></td><td></td></tr>
<tr><td>语言表达</td><td>20</td><td></td><td></td><td></td><td></td><td></td></tr>
<tr><td>参与讨论的积极性</td><td>15</td><td></td><td></td><td></td><td></td><td></td></tr>
<tr><td>内容</td><td>10</td><td></td><td></td><td></td><td></td><td></td></tr>
<tr><td colspan="2">合计</td><td>100</td><td></td><td></td><td></td><td></td><td></td></tr>
</table>

【练习与自测】

一、选择题

1.（　　）是企业自己建造，供经营所需而且能够长期使用的固定设施，是一种可以多次参加企业的生产经营过程而不改变其实物形态的固定资产。

A. 自建仓库　　　　B. 租赁仓库

C. 公共仓库　　　　D. 第三方仓库

2. 以下不属于企业仓储成本的构成中固定成本的是（　　）。

A. 固定资产折旧　　　　B. 长期租赁费用

C. 保险　　　　D. 保管费

二、简答题

1. 简述企业仓储成本的构成情况。

2. 公共仓库与租赁仓库的区别有哪些？

任务三　仓库平面布局

【学习目标】

一、专业目标

1. 知识目标

了解仓库平面布局的内容与要求。

2. 能力目标

能进行简单的仓库平面设计。

二、非专业能力目标

1. 方法能力目标

（1）培养阅读理解、总结归纳能力；
（2）能够倾听，并具有明确任务的能力、管理能力。

2. 社会能力目标

（1）具备沟通交流、表达问题的能力；
（2）培养团队协作的能力。

【工作任务】

（1）请认真阅读学材并标记关键词。

个人工作/工作时间：10 min

（2）请将你标记的关键词语与表中所列的关键词比较。请勾出那些你能够用自己的话讲述的概念，并记录在学习材料上。

个人工作/工作时间：5 min

（3）请与你的邻座轮流解释各个概念，在此过程中共同搞明白不懂的问题。

同伴工作/工作时间：5 min

（4）利用旋转木马、卡片法游戏，共同搞清楚关键词概念。

小组工作/工作时间：20 min

（5）各小组设计一张认为合理的库房平面布局设计图（按动线类型分）。

个人工作/工作时间：20 min

（6）各组进行设计图展示，并安排人讲解。

小组工作/工作时间：15 min

（7）教师点评。

个人工作/工作时间：5 min

【工作情境】

今天你要协助仓库主管进行仓库内部功能区域划分，为了让你在设计前对仓库内部平面布局有所了解，你的培训教师给了一份指导资料供你学习。

【工作指导与实施】

一、基本指导

1. 仓库平面布置的目的

对仓库的各个部分——存货区、入库检验区、理货区、流通加工区及辅助作业区等区域在规定范围内进行全面合理的安排。仓库布置是否合理，将对仓储作业的效率、储存质量、储存成本和仓库盈利目标的实现产生很大影响。

2. 仓库平面布置的要求

（1）仓库平面布置的物品流向是单一的。
（2）最短的搬运距离。
（3）最少的装卸环节。
（4）最大限度地利用空间

3. 拣选作业

仓库或配送中心发货过程中，针对客户的订单，将每个订单所需的不同种类的商品，由仓库或配送中心取出集中在一起，包括打包或再包装，即所谓的拣选（分拣、拣货）作业。

4. 存储作业

其主要任务是保管、保养好存放在仓库内部的货物。

5. 理货作业区

该区域主要功能在于进出货时，货物在这一区域进行暂时存放，并准备进入保管区存储或出货。

6. 复核作业

拣选作业结束后，拣货员将拣选好的货品搬运至复核区，复核员根据复核单据，确认数量、包装、名称等信息与复核单据上的信息是否一致。

7. 合流作业

复核作业完成后，在货品上贴上客户标签，并依据客户将所有货品进行汇总，然后将汇总货品搬运至指定待出货区，以便于出货员点货装车。

8. 拆零作业

对整包计重商品和整箱计件商品，进行开箱拆零的工作。

二、实践操作

今天你要与××物流仓储部主管一起根据前期对仓库功能区需求的调研情况（如表7−1）对仓库内部进行平面布局设计。

表 7−1　仓库功能区

序号	区域	序号	区域
1	入库暂存区	6	复核合流区
2	货物存货区	7	退货区
3	出库暂存区	8	出库办公室
4	入库月台	9	入库办公室
5	拆零区	10	出库月台区

【指导信息】

一、动线

由人或物在仓库内移动形成的一系列的点连接而成的线。

二、动线优化基本原则

不迂回、不交叉。

三、动线类型

（1）U 形动线：进货区和出货区在仓库的同一侧，货物由进—存—出形成一个类似倒 U 字形的移动路线。

（2）I 形动线：出货区和进货区设置在仓库相对的两侧。货物由进—存—出形成一个类似 I 字形的移动路线。

（3）L 形动线：货物的进货区和出货区设置在仓库相邻的两侧，货物由进—存—出形成一个类似 L 字形的移动路线。

【考核与评价】

考核与评价表

<table>
<tr><td colspan="2">被考评小组（个人）</td><td></td><td colspan="2">被考核小组成员名单</td><td colspan="3"></td></tr>
<tr><td>考核内容</td><td colspan="7"></td></tr>
<tr><td rowspan="6">考核标准</td><td>考核要点</td><td>分值（分）</td><td>自我评价（40%）</td><td>他人（他组）评价（平均）（30%）</td><td>教师评价（30%）</td><td>合计（100%）</td><td>备注</td></tr>
<tr><td>操作能力</td><td>30</td><td></td><td></td><td></td><td></td><td></td></tr>
<tr><td>团队合作精神</td><td>25</td><td></td><td></td><td></td><td></td><td></td></tr>
<tr><td>语言表达</td><td>20</td><td></td><td></td><td></td><td></td><td></td></tr>
<tr><td>参与讨论的积极性</td><td>15</td><td></td><td></td><td></td><td></td><td></td></tr>
<tr><td>内容</td><td>10</td><td></td><td></td><td></td><td></td><td></td></tr>
<tr><td colspan="2">合计</td><td>100</td><td></td><td></td><td></td><td></td><td></td></tr>
</table>

【练习与训练】

简答题

1. 仓库平面布局设计包含的内容有哪些？
2. 仓库平面布局的要求包括哪些？

学习情境八　货物分类

【学习目标】

一、专业目标

1. 知识目标

货物的分类方式。

2. 能力目标

能够按照商品特性对普通商品进行分类。

二、非专业能力目标

1. 方法能力目标

(1) 培养学生分析问题、宣传展示能力；
(2) 能够倾听，并具有明确任务的能力、管理能力。

2. 社会能力目标

(1) 能清晰表达自己见解并倾听他人的意见和建议；
(2) 培养团队协作的能力。

【工作任务】

(1) 请快速阅读指导信息，并画出关键词。

个人工作/工作时间：5 min

(2) 将××物流仓库货物一览表的货物进行简单分类。

个人工作/工作时间：10 min

(3) 和邻桌的同学相互讨论，看看你们的分类是否一样，进行归纳统一，并以小组为团队，设计一张有创意的货物分类海报。

小组工作/工作时间：30 min

(4) 各组进行样本企业海报展示，并安排人讲解，主要讲解货物分类的原因。

小组工作/工作时间：30 min

(5) 教师总结××物流仓库货物分类。

个人工作/工作时间：5 min

(6) 学生阅读指导信息，并用关键词法总结获取的信息。

个人工作/工作时间：5 min

(7) 用一句话解释你所总结的关键词。

个人工作/工作时间：10 min

(8) 小组完成货物分类的类目及应用实例表格填写。

小组工作/工作时间：10 min

(9) 小组完成自然特性货物分类举例表格填写。

小组工作/工作时间：10 min

(10) 教师总结货物分类。

个人工作/工作时间：5 min

【工作情境】

今天，青白江××物流仓库有一批货物入库，待入库货物如图 8-1 所示，需要对此货物进行分类并填入表 8-1。现在需要你完成该工作。

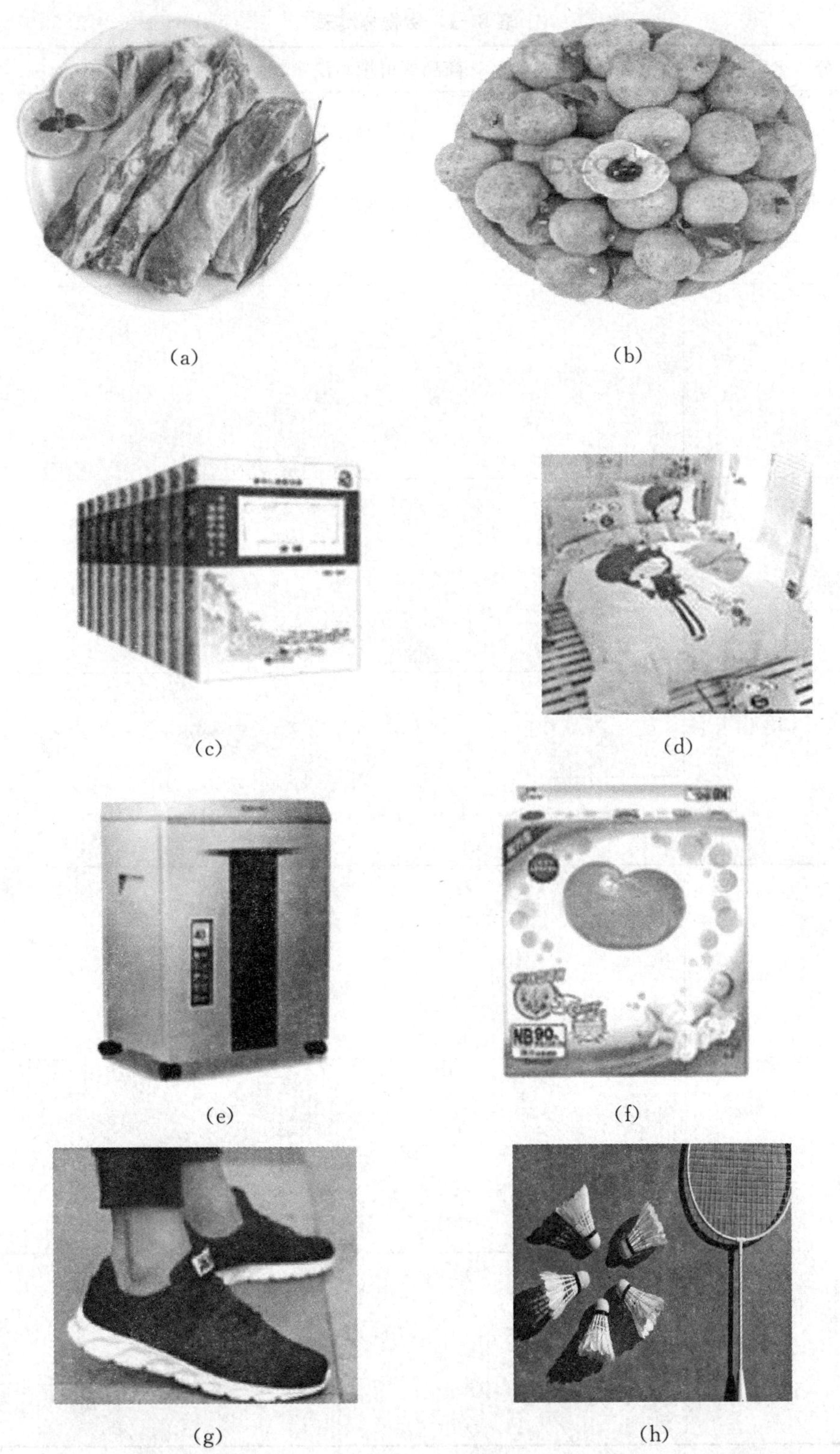

(a)　(b)　(c)　(d)　(e)　(f)　(g)　(h)

图 8-1　待入库货物

表 8-1 货物分类表

分类名称	商品（可填写汉字，贴图，画画）

【工作指导与实施】

为了一定目的，选择适当的分类标志，将货物划分为不同的类别、组别、品目，乃至品种、规格、花色，称为货物分类。货物分类应满足一下原则：

（1）必须满足分类的目的和要求；

（2）各类货物能有显著的区别；

（3）能概括规定范围内的所有货物，并有不断补充新货物的余地；

（4）每个货物只能限定在一个类别之内；

（5）货物分类采用独有的特征；

（6）在同一类货物中，不准同时采用两种或者多重标志。

常见的货物分类有以下几种：

（1）按货物装运方式分类（散装、件装、组装）；

（2）按照货物清洁程度分类（清洁货物、污秽货物）；

（3）按照货物的装运要求分类（特殊货物、普通货物）；

（4）按照自然特性分类（吸湿性货物、变热性货物、自热性货物、锈蚀性货物、易碎性货物）；

（5）按照运输方式分类（直达货物、国际过境货物、多式联运货物、集装箱货物）。

找出关键词，填入表 8-2。

表 8-2　关键词

货物分类概念	分类原则	分类方式

货物分类的类目及应用实例见表 8-3。

表 8-3　货物分类的类目及应用实例

商品类目名称	应用实例
商品门类	化工产品
商品大类	日用工业品
商品中类	家用化学品
商品小类	洗涤用品
商品品类	肥皂
商品品种	香皂
商品细类	薄荷型香皂

自然特性货物分类举例见表 8-4。

表 8-4　自然特性货物分类举例

货物	举例（3 个左右）
吸湿性货物	
变热性货物	
自热性货物	
锈蚀性货物	
易碎性货物	

【考核与评价】

考核与评价表

被考评小组（个人）			被考核小组成员名单				
考核内容							
考核标准	考核要点	分值（分）	自我评价（40%）	他人（他组）评价（平均）（30%）	教师评价（30%）	合计（100%）	备注
	操作能力	30					
	团队合作精神	25					
	语言表达	20					
	参与讨论的积极性	15					
	内容	10					
合计		100					

【练习与训练】

1. 为课堂上的分类货物设计一个分类储存的管理措施。
2. 常见的货物分类方式有哪些？

学习情境九　堆码与苫垫

任务一　货物堆码

【学习目标】

一、专业目标

1. 知识目标

明确堆码方式。

2. 能力目标

能够根据货物的特性选择合适的堆码方式完成堆码。

二、非专业能力目标

1. 方法能力目标

（1）培养学生分析问题、宣传展示能力；
（2）能够倾听，并具有明确任务的能力、管理能力。

2. 社会能力目标

（1）能清晰表达自己见解并倾听他人的意见和建议；
（2）培养团队协作的能力。

【工作任务】

（1）请认真阅读文章并标记关键词。

个人工作/工作时间：10 min

（2）请将你标记的关键词与表中所列的关键词比较。请勾出那些你能够用自己的话讲述（最多四句）的概念，并记录在学习材料上。

个人工作/工作时间：10 min

（3）请与你的邻座轮流解释各个概念，在此过程中共同搞明白不懂的问题。

同伴工作/工作时间：10 min

（4）教师检查并梳理学生对于关键词的理解。

个人工作/工作时间：10 min

（5）观察图片，匹配概念，各组以海报形式进行可视化呈现并展示。

小组工作/工作时间：35 min

（6）教师点评。

个人工作/工作时间：5 min

【工作情境】

你已经与同事合作完成了入库货物的交接验收，下一步将对物品进行保管和养护。在此之前，你需要熟悉货物的堆码操作以便更好地对货物进行管理。由于你还未有过此类经验，于是你向同事咨询，他将职业学校里的资料交给你，需要你仔细学习。

【工作指导与实施】

一、堆码定义

堆码是指将物品整齐、规则地摆放成货垛的作业。它根据物品的性质、形状、轻重等因素，结合仓储储存条件，将物品堆码成一定的货垛。

二、堆码要求

1. 合理

搬运性合理、分垛合理、重量合理、间距合理、顺序合理。

2. 牢固

适当选择垛底面积、堆垛高度和垫衬材料，提高货垛的稳定性，保证堆码的牢固、安全、不偏不歪、不倚不靠（不倚靠墙、柱）和物品不受损害。

3. 定量

为便于检查和盘点，能使保管人员过目成数，在物品堆码时，垛、行、层、包等数量力求整数，每垛应有固定数量，通常采用“五五堆码”。对某些过磅称重物品不能成整数时，必须明确地标出重量，分层堆码，或成捆堆码，定量存放。

4. 整齐

堆垛排列整齐有序，同类物品垛型统一，形成良好的库容。货垛横成行，纵成列，物品包装上的标志一律朝外，便于查看和拣选。

5. 节约

坚持一次堆码，减少重复作业；爱护苫垫物，节约备品用料，降低消耗；充分利用空间，节省货位，提高仓库空间利用率。

6. 方便

便于装卸搬运，便于收发保管，便于日常维护保养，便于检查点数，便于灭火消防，利于物品保管和安全。

三、物品堆码方式

1. 普通物品堆码方式（图 9—1）

(a) 散堆方式

(b) 成组堆码

(c) 货架方式

(d) 垛堆方式

图 9—1 堆码方式

(1) 散堆方式：将无包装的散货在仓库或露天货场上堆成货堆的存放方式。这种堆码方式简单，便于采用机械设备装卸、堆码，节省包装费用和运费。其适用于大宗散货。

(2) 成组堆码：采用成组工具（托盘、集装箱等）先将物品组成一组，使其堆存单元扩大，从而可以用装卸机械成组搬运、装卸、堆码。其适合小件不宜单独采用接卸装卸的物品。

(3) 货架方式：使用通用和专用的货架进行物品堆码的方式。这种堆码方式能够提高仓库空间利用率，减少差错，加快存取。其适合存放小件物品、怕压或不宜堆高的物品。

(4) 垛堆方式：直接利用物品或其包装外形进行堆码。这种方式能够增加货垛高度，提高仓库利用率，能够根据物品的形状和特性的需要及货位的实际情况，把货垛堆码成各种样式，以利于保护物品。常用的方式主要有以下几种：重叠式堆码、纵横交错式堆码、裁柱式堆码、仰俯相间式堆码、通风式堆码、压缝式堆码（图 9-2）。

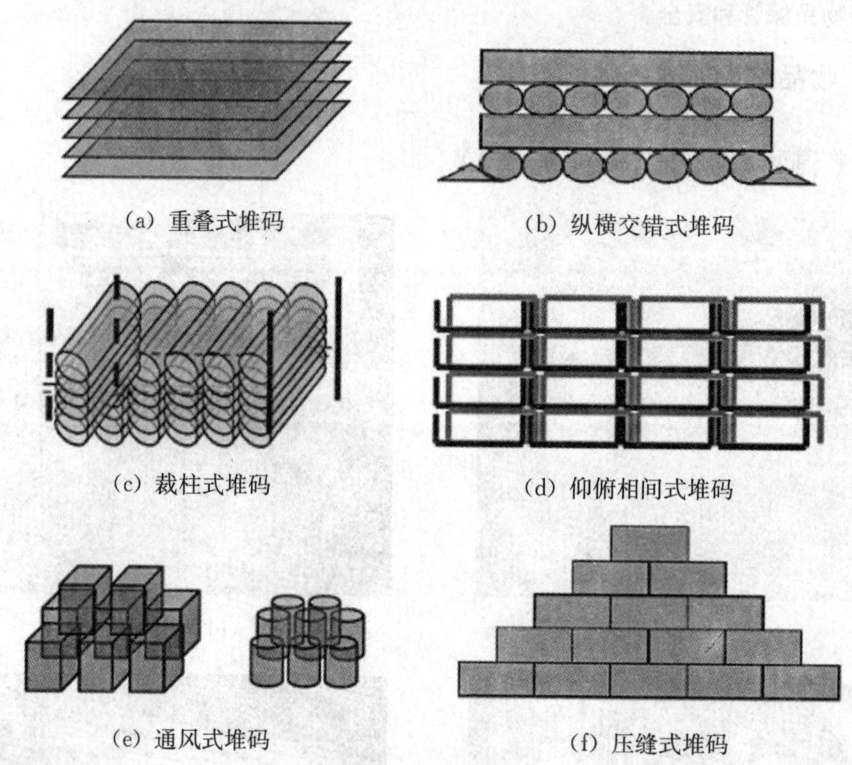

（a）重叠式堆码　（b）纵横交错式堆码　（c）裁柱式堆码　（d）仰俯相间式堆码　（e）通风式堆码　（f）压缝式堆码

图 9-2　垛堆方式

【考核与评价】

考核与评价表

被考评小组（个人）			被考核小组成员名单				
考核内容							
考核标准	考核要点	分值（分）	自我评价（40%）	他人（他组）评价（平均）（30%）	教师评价（30%）	合计（100%）	备注
	操作能力	30					
	团队合作精神	25					
	语言表达	20					
	参与讨论的积极性	15					
	内容	10					
合计		100					

【练习与自测】

一、多项选择题

1. 常见的堆码方式有（　　）。

A. 散堆方式　　B. 货架方式

C. 成组堆码　　D. 垛堆方式

2. 常见的垛堆方式有（　　）。

A. 重叠式　　B. 纵横交错式

C. 压缝式　　D. 通风式

二、简答题

1. 堆码的要求有哪些?

2. 普通货物的堆码方式包括哪些?

任务二　包装储运标识

【学习目标】

一、专业目标

1. 知识目标

掌握包装的概念与作用。

2. 能力目标

能够根据图形标识填写包装储运标志名称。

二、非专业能力目标

1. 方法能力目标

(1) 能够运用信息化手段来解决工作中的问题；

(2) 能够倾听，并具有明确任务的能力、管理能力。

2. 社会能力目标

(1) 能清晰表达自己见解并倾听他人的意见和建议；

(2) 培养团队协作的能力。

【工作任务】

（1）请认真阅读学习材料并标记关键词。

个人工作/工作时间：10 min

（2）请根据老师分发给小组的物品，填写包装储运标志名称、图形任务单。

小组工作/工作时间：10 min

（3）将你填写的内容与组内成员进行交流，互相补充，形成共识。

小组工作/工作时间：5 min

（4）请每个小组根据自己小组做出的任务单讲解对应物品的标志及图形。

小组工作/工作时间：15 min

（5）利用网络查找哪些商品需要贴上警告性标志，并做好汇总，然后画在海报上面，互相参观。

小组工作/工作时间：25 min

（6）老师用卡片法检查警告性标志。

个人工作/工作时间：15 min

（7）请认真学习常见的指示性标志并记住。

个人工作/工作时间：10 min

（8）每个同学在卡片上画出自己负责的标识，并熟记标识的含义。

小组工作/工作时间：10 min

（9）每个小组再选择 4 种标识画在卡片上，然后贴在本小组的纸箱上，由下一小组同学来解释含义。

小组工作/工作时间：10 min

（10）投票选择出画得最好的小组和最差的小组，分别得到奖励和惩罚。

小组工作/工作时间：5 min

（11）教师点评。

个人工作/工作时间：5 min

【工作情境】

你作为××物流青白江仓库负责堆码、包装的新员工，你将完成包装及堆码工作。为了让你在工作前对包装堆码有所了解，你的培训教师给了以下材料。

【工作指导与实施】

一、商品包装

1. 商品包装的基本概念

包装是在物流过程中保护商品、方便储运、促进销售，按照一定技术方法采用容器、材料及辅助物将物品包封并予以适当的包装标志。包装是包装物和包装操作的总称。包装的功能，大致又可细分以下几个方面：保护与盛载功能、储运与促销功能、美化商品和传达信息的功能、环保与卫生的功能、循环与再生利用的功能等。包装种类很多，材料、方式、用途非常广泛。

（1）按材料分为纸包装、塑料包装、金属包装、玻璃包装、木制包装及麻、布、竹、藤、草类制成的其他材料的包装；

（2）按功能分为执行运输、保管、流通功能的工业包装和面向消费者起到促销或广告功能的商业包装；

（3）按包装形态分为内包装和外包装；

（4）按包装方式分为防水防潮包装、防锈包装、抗静电包装、水溶性包装、防紫外线包装、真空包装、防虫包装、缓冲包装、抗菌包装、防伪包装、充氮包装、除氧包装等；

（5）按包装内容物分类为食品包装、机械包装、药品包装、化学包装、电子产品包装、军用品包装等；

（6）按包装软硬程度分为硬包装、半硬包装、软包装等。

2. 商品包装的标志

（1）运输标志。运输标志通常由一个简单的几何图形和一些英文字母、数字及简单的文字组成，其作用在于使货物在装卸、运输、保管过程中容易被有关人员识别，以防错发错运，如图 9-3 所示。运输标志的内容包括：目的地名称或代号、收货人或者发货人代号、件数、体积（长×宽×高）、重量（毛重、净重、皮重）以及生产国家或者地区等。

图 9-3 商品运输标志

(2) 指示性标志。指示性标志是根据商品的特性提出应注意的事项，在商品的外包装上用醒目的图形或文字表示的标志，如图 9-4 所示。

图 9-4　指示性标志

(3) 危险品标志。危险品标志是用来表示危险品的物理、化学性质，以及危险程度的标志。它可提醒人们在运输、储存、保管、搬运等活动中引起注意，如图 9-5 所示。

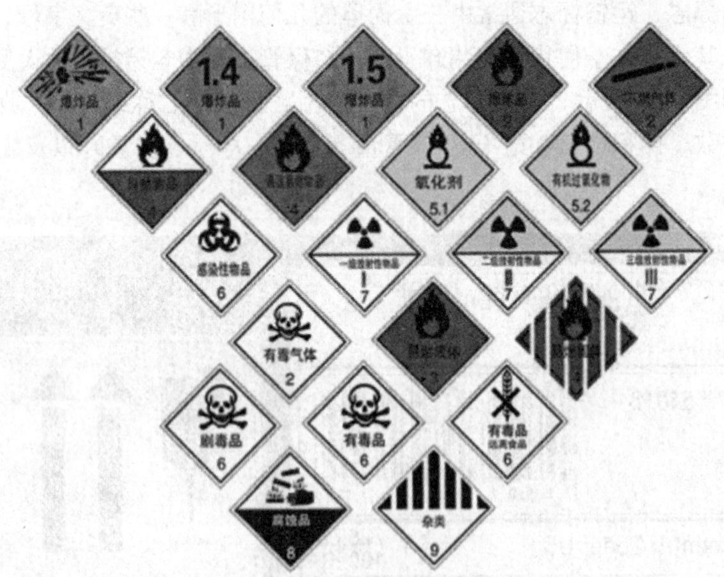

图 9-5　危险品标志

二、识别包装储运标志名称及图形

请根据老师分发给小组的物品，填写包装储运标志名称、图形任务单。

(1) 你拿到的这款商品的名称是什么？________________

(2) 这款商品产用的是什么包装？________________

(3) 在这款商品的包装上你看到了什么信息？________________

（4）你看到了哪些标志？________________

（5）平时生活中你会关注和关心这些标志吗？________________

（6）你觉得这些标志图形对于整个包装来说重要吗？________________

三、警告性标志汇总任务单

“请你来补充”。利用网络查找哪些商品需要贴上警告性标志，并做好汇总。

警告性标志名称	商品类别
有毒气体 2	甲烷、 一氧化碳等
感染性物品 6	棉签、 注射器等
易燃液体 3	石油、 天然气等

四、常见的指示性标志

含义	标志	含义	标志
1. 易碎物品 运输包装件内装易碎品，因此搬运时应小心轻放。		2. 禁用手钩 搬运、运输包装时禁用手钩。	
3. 向上 表明运输包装件的正确位置是竖直向上。		4. 怕晒 表明运输包装件不能直接照射。	
5. 怕辐射 包装物品一旦受辐射便会完全变质或损坏。		6. 怕雨 包装件怕雨淋。	
7. 重心 表明一个单元货物的重心		8. 禁止翻滚 不能翻滚运输包装。	
9. 此面禁用手推车 搬运货物时此面禁放手推车。		10. 堆码层数极限 相同包装的最大堆码层数。	N
11. 堆码重量极限 表明该运输包装件所能承受的最大重量极限。	-kg	12. 禁止堆码 该包装件不能堆码并且其上也不能放置其他负载。	

【考核与评价】

考核与评价表

被考评小组（个人）			被考核小组成员名单				
考核内容							
考核标准	考核要点	分值（分）	自我评价（40%）	他人（他组）评价（平均）（30%）	教师评价（30%）	合计（100%）	备注
	操作能力	30					
	团队合作精神	25					
	语言表达	20					
	参与讨论的积极性	15					
	内容	10					
合计		100					

【练习与训练】

一、选择题

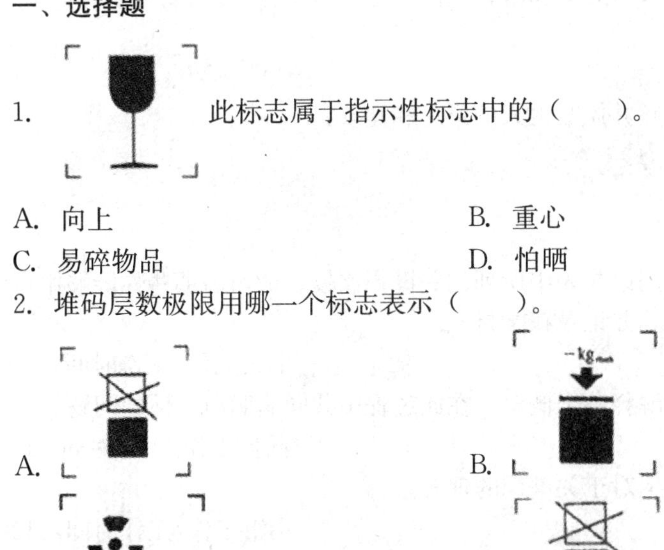

1. 此标志属于指示性标志中的（　　）。

A. 向上　　B. 重心

C. 易碎物品　　D. 怕晒

2. 堆码层数极限用哪一个标志表示（　　）。

A.　B.　C.　D.

二、拓展题

1. 搜集你在生活中遇到的各类标志，拍照上传班级作业平台。

2. 生活中最常见的储运标志是什么？试举例说明并阐述原因。

任务三　仓库物品的苫垫

【学习目标】

一、专业目标

1. 知识目标

掌握主要的苫垫材料类型。

2. 能力目标

能够根据货物特性合理地选择苫垫材料。

二、非专业能力目标

1. 方法能力目标

(1) 能够运用关键词法进行归纳总结；
(2) 具备明确任务的能力、管理能力。

2. 社会能力目标

(1) 能清晰表达自己见解并倾听他人的意见和建议；
(2) 培养团队协作的能力。

【工作任务】

(1) 请将你标记的关键词语与表中所列的关键词比较。请勾出那些你能够用自己的话讲述（最多四句）的概念，并记录在学材上。

个人工作/工作时间：10 min

(2) 请与你的邻座轮流解释各个概念，在此过程中共同搞明白不懂的问题。

同伴工作/工作时间：10 min

(3) 教师检查并梳理学生对于关键词的理解。

小组工作/工作时间：10 min

(4) 采用卡片复习法回顾复习。

小组工作/工作时间：5 min

(5) 教师总结。

个人工作/工作时间：5 min

【工作情境】

你作为××物流的仓库主管，现有一批货物需要入库，需要进行在库管理，完成物品的苫垫。

【工作指导与实施】

一、苫垫选择方式

苫垫是指采用专用苫盖材料对货垛进行遮盖，以减少自然环境中的阳光、雨、雪、风、露、霜、尘、潮气等对物品的侵蚀、损害，并使物品由于自身理化性质所造成的自然损耗尽可能减少，保护物品在储存期间的质量。特别是露天存放的物品在码垛以后，一般都应进行妥善的苫盖，以避免物品受损。需要苫盖的物品，在堆垛时应根据物品的特性、堆存期的长短、存放货场的条件，注意选择苫盖材料和堆码的垛型。

1. 常见的苫盖材料

常用的苫垫物料有棉苫布、锦纹维纶苫木、塑料薄膜、苇席、油毡、垫木、垫石、垫板、码架、台板等。

2. 苫盖的要求

请采用小组拓展法，讨论得出物品的苫盖要求。

3. 苫盖的方法（图 9—6）

（1）就垛苫盖法

（2）鱼鳞式苫盖法

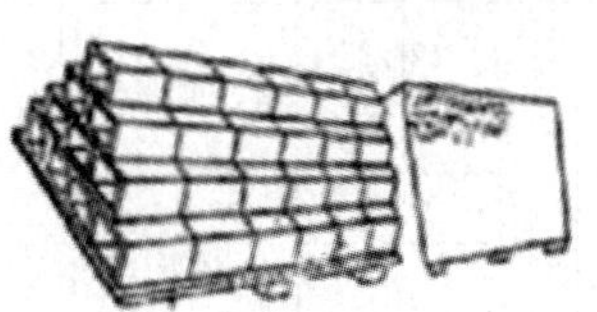

（3）活动棚苫盖法

（4）隔离苫盖法

图 9—6 苫盖的方法

（1）就垛苫盖法。直接将大面积苫盖材料覆盖在货垛上遮盖。适用于起脊垛或大件包装货物。一般采用大面积的帆布、油布、塑料膜等。就垛苫盖法操作便利，但基本不具有通风条件。

（2）鱼鳞式苫盖法。将苫盖材料从货垛的底部开始，自下而上呈鱼鳞式逐层交叠围盖。该法一般采用面积较小的席、瓦等材料苫盖。鱼鳞式苫盖法具有较好的通风条件，但每件苫盖材料都需要固定，操作比较烦琐复杂。

（3）活动棚苫盖法。将苫盖物料制作成一定形状的棚架，在货物堆垛完毕后，移动棚架到货垛遮盖；或者采用即时安装活动棚架的方式苫盖。活动棚苫盖法较为快捷，具用良好的通风条件，但活动棚本身需要占用仓库位置，也需要较高的购置成本。

（4）隔离苫盖法。苫盖物不直接摆放在货垛上，而是采用隔离物使苫盖物与货垛之间留有一定空隙，隔离物可用竹竿、木条、钢管、钢筋、隔离板等。此方法有利于排水通风。

二、垫垛的目的和基本要求

1. 垫垛的目的

使地面平整；堆垛货物与地面隔离，防止地面潮气和积水浸湿货物；通过强度较大的衬垫物使重物的压力分散，避免损害地坪；地面杂物、尘土与货物隔离；形成垛底通风层，有利于货垛通风排湿；货物的泄漏物留存在衬垫之内，不会流动扩散，便于收集和处理。

2. 垫垛的基本要求

所使用的衬垫物与拟存货物不会发生不良影响，具有足够的抗压强度；地面要平整坚实、衬垫物要摆平放正，并保持同一方向；层垫物间距适当，直接接触货物的衬垫面积与货垛底面积相同，垫物不伸出货垛外；要有足够的高度，露天堆场要达到0.3～0.5 m，库房内0.2 m即可。

【考核与评价】

考核与评价表

被考评小组（个人）			被考核小组成员名单				
考核内容							
考核标准	考核要点	分值（分）	自我评价（40%）	他人（他组）评价（平均）（30%）	教师评价（30%）	合计（100%）	备注
	操作能力	30					
	团队合作精神	25					
	语言表达	20					
	参与讨论的积极性	15					
	内容	10					
合计		100					

【练习与自测】

多项选择题

1. 常用的苫垫物料有（　　）。

A. 棉苫布、锦纹维纶苫木　　B. 塑料薄膜、苇席、油毡

C. 垫木、垫石、垫板　　D. 码架、台板

2. 苫盖的方法有（　　）。

A. 就垛苫盖法　　B. 鱼鳞式苫盖法

C. 活动棚苫盖法　　D. 隔离苫盖法

学习情境十　库存周转

任务一　货架类型

【学习目标】

一、专业目标

1. 知识目标

熟悉各类货架。

2. 能力目标

能够对货架进行分类并能说出货架的作用。

二、非专业能力目标

1. 方法能力目标

(1) 能够锻炼归纳总结的能力。

(2) 具备明确任务的能力、管理能力。

2. 社会能力目标

(1) 能清晰表达自己见解并倾听他人的意见和建议。

(2) 能在团队协作中完成好自己的任务。

【工作任务】

（1）请快速阅读指导信息，简单认识各类货架。

个人工作/工作时间：10 min

（2）按照自己的理解将货架进行简单分类。

个人工作/工作时间：10 min

（3）和邻桌的同学相互讨论，看看你们的分类是否一样，进行归纳统一，并以小组为团队，设计一张有创意的货架分类海报。

小组工作/工作时间：20 min

（4）各组进行样本企业海报展示，并安排人讲解，主要讲解货架分类的原因。

小组工作/工作时间：30 min

（5）教师总结货架简单分类。

个人工作/工作时间：10 min

（6）学生将图片与货架名称进行匹配。

个人工作/工作时间：10 min

（7）学生根据货架分类总结货架作用。

小组工作/工作时间：10 min

（8）采用餐垫法，写出你认为的最有意义的四项货架作用，并展示。

小组工作/工作时间：15 min

（9）教师点评。

个人工作/工作时间：5 min

【工作情境】

今天，青白江××物流仓库有一批货物入库，请你根据货物的属性选择合适的货架。首先你得先了解有哪些常见货架。

【工作指导与实施】

一、货架的构成

货架主要由立柱、横梁、拉杆、斜撑及层板组成。由于货架的功能和要求不同，各个部分采用的材料不尽相同，要根据具体要求，具体选配材料。

1—立柱；2—横梁；3—拉杆；4—斜撑；5—层板

图 10-1　货架的构成

二、货架的种类

货架是仓库内不可或缺的仓储设备，其种类有很多（图 10-2），不同的货架有不同的用途和使用方法。我们常见的货架有以下几种：

（1）托盘式货架：托盘式货架又称工业货架，一般采用叉车等装卸设备作业，是以托盘单元方式来保管货物的货架，是机械化、自动化货架仓库的主要组成部分。

（2）轻型货架 ：轻型货架一般采用人力（不用叉车等）直接将货物（不采用托盘单元）存取于货架内，因此货物的高度、深度较小，货架每层的载重量轻。

（3）重力式货架 ：重力式货架是指在货架每层的通道上，都安装有一定坡度的、带有轨道的导轨，入库的单元货物在重力的作用下，由入库端流向出库端。

（4）悬臂式货架：悬臂式货架是指货架前端没有立柱，货物被存放在固定于后立柱的悬臂梁上。

（5）阁楼式货架：阁楼式货架的底层货架不但是保管物品的场所，而且是上层建筑承重梁的支撑（柱），使承重梁的跨距大大减小，建筑费用也大大降低。

（6）滑动式货架：滑动式货架各层的承载面为抽屉式的可滑动的货板，可利用车间钢绳起重机等将重物吊进吊出，省去叉车用通道，在狭小空间内管理存放重物。

（7）移动货架：移动货架是指在货架的底部安装有运行车轮，可在地面上运行的货架。

图 10-2　货架的种类

【考核与评价】

考核与评价表

被考评小组（个人）			被考核小组成员名单				
考核内容							
考核标准	考核要点	分值（分）	自我评价（40%）	他人（他组）评价（平均）（30%）	教师评价（30%）	合计（100%）	备注
	操作能力	30					
	团队合作精神	25					
	语言表达	20					
	参与讨论的积极性	15					
	内容	10					
合计		100					

【练习与自测】

一、选择题

1.（ ）又称工业货架，一般采用叉车等装卸设备作业，是以托盘单元方式来保管货物的货架，是机械化、自动化货架仓库的主要组成部分。

A. 托盘式货架　　B. 重力式货架

C. 阁楼式货架　　D. 轻型货架

2. 一般采用人力（不用叉车等）直接将货物（不采用托盘单元）存取于货架内，因此货物的高度、深度较小，货架每层的载重量轻的货架是（ ）。

A. 托盘式货架　　B. 重力式货架

C. 阁楼式货架　　D. 轻型货架

二、口述题

简述4种典型货架的特点。

任务二 货物储存原则

【学习目标】

一、专业目标

1. 知识目标

掌握ABC分类原则。

2. 能力目标

能够运用ABC分类原则对货物进行分类。

二、非专业能力目标

1. 方法能力目标

（1）能够运用关键词法进行归纳总结。

（2）具备明确任务的能力、管理能力。

2. 社会能力目标

（1）能清晰表达自己见解并倾听他人的意见和建议。

（2）培养团队协作的能力。

【工作任务】

（1）请仔细阅读文章并标记最重要的信息。

个人工作/工作时间：10 min

(2) 请将你标记的关键词与表中所列的关键词比较。请勾出那些你能够用自己的话讲述（最多两句）的概念。

个人工作/工作时间：5 min

(3) 请与你的邻座轮流解释各个概念，在此过程中共同搞明白不懂的问题。

小组工作/工作时间：5 min

(4) 老师随机抽检同学进行复述，并对理解不正确的关键概念进行纠正。

小组工作/工作时间：10 min

(5) 请根据近一年出入库月报表，进行全年出库汇总报表的制作，并依据出库量对货品进行 ABC 分类（按照 7∶2∶1 的原则，即（0，70%] 为 A 类，（70%，90%] 为 B 类，（90%，100%] 为 C 类）写出货物分类原理、计算过程和计算结果。

小组工作/工作时间：90 min

【工作情境】

你作为××物流的仓库主管，现领导要求你给出一份目前仓库内 A 类客户的所有货物明细，请在一个小时之内发送到领导邮箱。

【工作指导与实施】

一、ABC 库存分类管理法的思想与原理

ABC 库存分类管理法又称为重点管理法。属于 A 类的是少数价值高的、最重要的项目，这些存货品种少，而单位价值却较大。实务中，这类存货的品种数大约只占全部存货总品种数的 10%左右；而从一定期间出库的金额看，这类存货出库的金额要占到全部存货出库总金额的 70%左右。属于 C 类的是为数众多的低值项目，其特点是，从品种数量来看，这类存货的品种数要占到全部存货总品种数的 70%左右；而从一定期间出库的金额看，这类存货出库的金额只占全部存货出库总金额的 10%左右。B 类存货则在这两者之间，从品种数和出库金额看，都只占全部存货总数的 20%左右。

二、ABC 库存分类管理法的程序实施

ABC 库存分类管理法的程序可以分为以下几步：

(1) 把各种库存物资全年平均耗用量分别乘以它的单价，计算出各种物资耗用总量以及总金额。

(2) 按照各品种物资耗费的金额的大小顺序重新排列，并分别计算出各种物资所占用总数量和总金额的比重，即百分比。

(3) 把耗费金额适当分段，计算各段中各项物资领用数占总领用数的百分比，分段累计耗费金额占总金额的百分比，并根据一定标准将它们划分为 A、B、C 三类。分类的标准如表 10-1 所示。

表 10－1 分类标准

物资类别	占物资品种数的百分比（%）	占物资金额数的百分比（%）
A类 （比重较大，是关键的少数，需要重点管理）	5～10	70～80
B类 （品种比例与金额比例基本持平，常规管理即可）	20～30	15～20
C类 （数量多，占用了大量管理成本，但年消耗的金额很小，只需一般管理即可）	50～70	5～10

下面，是××物流商城仓库某时间段的库存信息和部分商品2017年的出入库信息。

托盘货架区库存信息如表10－2所示。

表 10－2 托盘货架区库存

乐百氏饮用矿物质水（5箱）		清风原木纯品（21箱）			
B00100	B00101	B00102	B00103	B00104	B00105
心相印（绿）（15箱）		五月花婴儿柔（15箱）			
B00000	B00001	B00002	B00003	B00004	B00005
		达利园岩层矿物质水（20箱）			
A00100	A00101	A00102	A00103	A00104	A00105
脉动维生素饮料（10箱）		娃哈哈纯净水（18箱）			纯悦饮用矿泉水（10箱）
A00000	A00001	A00002	A00003	A00004	A00005

部分商品的出入库信息如表10－3至表10－14所示。

表 10－3 出入库月报表（2017年1月）

序号	商品名称	入库量（箱）	出库量（箱）
1	清风抽纸	140	133
2	心相印（蓝）	13	9
3	康师傅纯净水	240	224
4	娃哈哈纯净水	115	106

续表

序号	商品名称	入库量（箱）	出库量（箱）
5	脉动维生素饮料	130	133
6	农夫山泉（大）	220	183
7	维达	160	149
8	心相印（绿）	200	179
9	雀巢优活	60	54
10	纯悦饮用矿泉水	10	8
11	五月花卷筒纸	100	100
12	乐百氏饮用矿物质水	40	37
13	清风原木纯品	20	26
14	达利园岩层矿物质水	20	19
15	清风质感纯品	100	104

表 10-4 出入库月报表（2017 年 2 月）

序号	商品名称	入库量（箱）	出库量（箱）
1	清风抽纸	140	156
2	心相印（蓝）	13	5
3	康师傅纯净水	240	250
4	娃哈哈纯净水	115	98
5	脉动维生素饮料	130	122
6	农夫山泉（大）	220	194
7	维达	160	150
8	心相印（绿）	200	191
9	雀巢优活	60	50
10	纯悦饮用矿泉水	10	8
11	五月花卷筒纸	100	88
12	乐百氏饮用矿物质水	40	33
13	清风原木纯品	20	30
14	达利园岩层矿物质水	20	23
15	清风质感纯品	100	91

表 10-5　出入库月报表（2017 年 3 月）

序号	商品名称	入库量（箱）	出库量（箱）
1	清风抽纸	140	143
2	心相印（蓝）	13	16
3	康师傅纯净水	240	260
4	娃哈哈纯净水	115	110
5	脉动维生素饮料	130	122
6	农夫山泉（大）	220	199
7	维达	160	156
8	心相印（绿）	200	168
9	雀巢优活	60	53
10	纯悦饮用矿泉水	10	8
11	五月花卷筒纸	100	90
12	乐百氏饮用矿物质水	40	36
13	清风原木纯品	30	10
14	达利园岩层矿物质水	20	17
15	清风质感纯品	100	100

表 10-6　出入库月报表（2017 年 4 月）

序号	商品名称	入库量（箱）	出库量（箱）
1	清风抽纸	140	134
2	心相印（蓝）	13	10
3	康师傅纯净水	240	234
4	娃哈哈纯净水	115	110
5	脉动维生素饮料	130	133
6	农夫山泉（大）	220	210
7	维达	160	167
8	心相印（绿）	200	178
9	雀巢优活	60	42
10	纯悦饮用矿泉水	10	9
11	五月花卷筒纸	100	99
12	乐百氏饮用矿物质水	40	25
13	清风原木纯品	30	13

续表

序号	商品名称	入库量（箱）	出库量（箱）
14	达利园岩层矿物质水	20	18
15	清风质感纯品	100	97

表 10-7　出入库月报表（2017 年 5 月）

序号	商品名称	入库量（箱）	出库量（箱）
1	清风抽纸	140	133
2	心相印（蓝）	13	10
3	康师傅纯净水	240	200
4	娃哈哈纯净水	115	118
5	脉动维生素饮料	130	122
6	农夫山泉（大）	220	189
7	维达	160	156
8	心相印（绿）	200	155
9	雀巢优活	60	45
10	纯悦饮用矿泉水	10	8
11	五月花卷筒纸	100	110
12	乐百氏饮用矿物质水	40	28
13	清风原木纯品	30	30
14	达利园岩层矿物质水	20	16
15	清风质感纯品	100	90

表 10-8　出入库月报表（2017 年 6 月）

序号	商品名称	入库量（箱）	出库量（箱）
1	清风抽纸	140	130
2	心相印（蓝）	13	8
3	康师傅纯净水	240	200
4	娃哈哈纯净水	115	104
5	脉动维生素饮料	130	133
6	农夫山泉（大）	220	168
7	维达	160	150
8	心相印（绿）	200	167
9	雀巢优活	60	54

续表

序号	商品名称	入库量（箱）	出库量（箱）
10	纯悦饮用矿泉水	10	11
11	五月花卷筒纸	100	100
12	乐百氏饮用矿物质水	40	37
13	清风原木纯品	30	25
14	达利园岩层矿物质水	20	23
15	清风质感纯品	100	90

表 10-9 出入库月报表（2017 年 7 月）

序号	商品名称	入库量（箱）	出库量（箱）
1	清风抽纸	140	144
2	心相印（蓝）	13	11
3	康师傅纯净水	240	200
4	娃哈哈纯净水	115	98
5	脉动维生素饮料	130	122
6	农夫山泉（大）	220	198
7	维达	160	146
8	心相印（绿）	200	157
9	雀巢优活	60	48
10	纯悦饮用矿泉水	10	11
11	五月花卷筒纸	100	88
12	乐百氏饮用矿物质水	40	31
13	清风原木纯品	30	13
14	达利园岩层矿物质水	20	20
15	清风质感纯品	100	80

表 10-10 出入库月报表（2017 年 8 月）

序号	商品名称	入库量（箱）	出库量（箱）
1	清风抽纸	140	127
2	心相印（蓝）	13	11
3	康师傅纯净水	240	250
4	娃哈哈纯净水	115	88
5	脉动维生素饮料	130	140

续表

序号	商品名称	入库量（箱）	出库量（箱）
6	农夫山泉（大）	220	186
7	维达	160	145
8	心相印（绿）	200	157
9	雀巢优活	60	53
10	纯悦饮用矿泉水	10	9
11	五月花卷筒纸	100	88
12	乐百氏饮用矿物质水	40	36
13	清风原木纯品	30	20
14	达利园岩层矿物质水	30	19
15	清风质感纯品	100	91

表 10－11　出入库月报表（2017 年 9 月）

序号	商品名称	入库量（箱）	出库量（箱）
1	清风抽纸	140	144
2	心相印（蓝）	13	9
3	康师傅纯净水	240	239
4	娃哈哈纯净水	115	104
5	脉动维生素饮料	130	133
6	农夫山泉（大）	220	191
7	维达	160	166
8	心相印（绿）	200	182
9	雀巢优活	60	47
10	纯悦饮用矿泉水	10	8
11	五月花卷筒纸	100	90
12	乐百氏饮用矿物质水	40	30
13	清风原木纯品	30	25
14	达利园岩层矿物质水	20	21
15	清风质感纯品	100	91

表 10－12　出入库月报表（2017 年 10 月）

序号	商品名称	入库量（箱）	出库量（箱）
1	清风抽纸	140	134

续表

序号	商品名称	入库量（箱）	出库量（箱）
2	心相印（蓝）	13	11
3	康师傅纯净水	240	220
4	娃哈哈纯净水	115	112
5	脉动维生素饮料	130	122
6	农夫山泉（大）	220	240
7	维达	160	167
8	心相印（绿）	200	177
9	雀巢优活	60	53
10	纯悦饮用矿泉水	10	9
11	五月花卷筒纸	100	100
12	乐百氏饮用矿物质水	40	36
13	清风原木纯品	20	35
14	达利园岩层矿物质水	30	23
15	清风质感纯品	100	102

表 10-13　出入库月报表（2017 年 11 月）

序号	商品名称	入库量（箱）	出库量（箱）
1	清风抽纸	140	133
2	心相印（蓝）	13	10
3	康师傅纯净水	240	230
4	娃哈哈纯净水	115	100
5	脉动维生素饮料	130	122
6	农夫山泉（大）	220	186
7	维达	160	156
8	心相印（绿）	200	189
9	雀巢优活	60	50
10	纯悦饮用矿泉水	10	11
11	五月花卷筒纸	100	100
12	乐百氏饮用矿物质水	40	33
13	清风原木纯品	20	30
14	达利园岩层矿物质水	20	25
15	清风质感纯品	100	100

表 10-14　出入库月报表（2017 年 12 月）

序号	商品名称	入库量（箱）	出库量（箱）
1	清风抽纸	140	145
2	心相印（蓝）	13	12
3	康师傅纯净水	240	240
4	娃哈哈纯净水	115	90
5	脉动维生素饮料	130	140
6	农夫山泉（大）	220	221
7	维达	160	153
8	心相印（绿）	200	168
9	雀巢优活	60	57
10	纯悦饮用矿泉水	10	7
11	五月花卷筒纸	100	99
12	乐百氏饮用矿物质水	40	40
13	清风原木纯品	20	28
14	达利园岩层矿物质水	20	21
15	清风质感纯品	100	90

【考核与评价】

考核与评价表

<table>
<tr><td colspan="2">被考评小组（个人）</td><td></td><td colspan="2">被考核小组成员名单</td><td colspan="3"></td></tr>
<tr><td>考核内容</td><td colspan="7"></td></tr>
<tr><td rowspan="6">考核标准</td><td>考核要点</td><td>分值（分）</td><td>自我评价（40%）</td><td>他人（他组）评价（平均）（30%）</td><td>教师评价（30%）</td><td>合计（100%）</td><td>备注</td></tr>
<tr><td>操作能力</td><td>30</td><td></td><td></td><td></td><td></td><td></td></tr>
<tr><td>团队合作精神</td><td>25</td><td></td><td></td><td></td><td></td><td></td></tr>
<tr><td>语言表达</td><td>20</td><td></td><td></td><td></td><td></td><td></td></tr>
<tr><td>参与讨论的积极性</td><td>15</td><td></td><td></td><td></td><td></td><td></td></tr>
<tr><td>内容</td><td>10</td><td></td><td></td><td></td><td></td><td></td></tr>
<tr><td colspan="2">合计</td><td>100</td><td></td><td></td><td></td><td></td><td></td></tr>
</table>

【练习与自测】

一、选择题

对于（　　）类货品应当进行次重点管理。

A. A　　　　B. B

C. C　　　　D. 所有

二、简答题

请你说出 ABC 库存分类管理法的程序。

任务三　储位的基本认知

【学习目标】

一、专业目标

1. 知识目标

掌握储位管理的要素。

2. 能力目标

能说出储位管理的要素形成的原因。

二、非专业能力目标

1. 方法能力目标

能找到解决问题的方法。

2. 社会能力目标

（1）能清晰表达自己见解并倾听他人的意见和建议。

（2）培养团队协作的能力。

【工作任务】

（1）请认真阅读学习材料并标记关键词。

个人工作/工作时间：10 min

（2）将你填写的内容与组内成员进行交流，互相补充，形成共识。

小组工作/工作时间：15 min

（3）根据前面所学知识分小组讨论储位管理的要素有哪些？并写在卡片上。

小组工作/工作时间：10 min

(4) 每个小组将卡片展示在展板上，并派出其中一名队员解释要素形成的原因。

小组工作/工作时间：15 min

(5) 每个小组用画图法将储位管理的步骤展示在海报上。

小组工作/工作时间：25 min

(6) 教师点评。

个人工作/工作时间：5 min

【工作情境】

××物流采用新到员工轮岗模式，今天你将到××物流仓储部轮岗学习，请先学习储位相关知识。

【工作指导与实施】

一、什么是储位

储位是指仓库中实际可用于堆放商品的面积。储位的选择是在商品分区分类的基础上进行的，所以储位的选择应遵循确保商品安全、方便吞吐发运、力求节约仓容的原则。

二、储位管理的对象

储位管理的对象分为保管商品和非保管商品两部分。

1. 保管商品

保管商品是指在仓库的储存区域中的需要保管的商品，由于它对作业、储放搬运、拣货等方面有特殊要求，使得其在保管时会有多种保管形态出现，例如托盘、箱、散货或其他方式，这些虽然在保管单位上有很大差异，但都必须用储位管理的方式加以管理。

2. 非保管商品

(1) 包装材料。包装材料就是一些标签、包装纸等。由于现在商业企业促销、特卖及赠品等活动的增加，使得仓库的贴标、重新包装、组合包装等流通加工比例增加，对于包装材料的需求就愈大，必须对这些材料加以管理，如果管理不善，会影响到整个作业的进行。

(2) 辅助材料。辅助材料就是一些托盘、箱、容器等搬运器具。目前流通器具的标准化使得仓库对这些辅助材料的需求愈来愈大，依赖性也愈来愈强。为了不影响商品的搬运，就必须对这些辅助材料进行管理，制定专门的管理办法。

(3) 回收材料。回收材料就是经补货或拣货作业拆箱后剩下的空纸箱。虽然这些空纸箱都可回收利用，但是这些纸箱形状不同，大小不一，若不保管起来，很容易造成混乱，而影响其他作业，必须划分一些特定储位来对这些回收材料进行管理。

三、储位管理的范围

在仓库的所有作业中，所用到的保管区域均是储位管理的范围，根据作业方式不同分为：暂存区、保管储区、动管储区。

1. 暂存储区

暂存区是商品进出仓库时的暂存区，预备进入下一保管区域，虽然商品在此区域停留的时间不长，但是也不能在管理上疏忽大意，以免给下一作业程序带来麻烦。

在暂存区，不但要对商品进行必要的保管，还要将商品打上标识、分类，再根据要求归类，摆放整齐。对于入库暂存区，在商品进入暂存区前先分类，商品依据分类或入库上架顺序，分配到预先规划好的暂存区储存。对于出货暂存区，所要配送的商品，每一车或每一区域路线的配送商品必须排放整齐并且加以分隔，摆放在事先标示好的储位上，并按照出货单的顺序装车。

2. 保管储区

这是仓库中最大最主要的保管区域，商品在此的保管时间最长，所以该区域是整个仓库的管理重点。为了最大限度地增大储存容量，要考虑合理运用储存空间，提高使用效率。为了对商品的摆放方式、位置及存量进行有效的控制，应考虑储位的分配方式、储存策略等是否合适，并选择合适的储放和搬运设备，以提高作业效率。

3. 动管储区

这是在拣货作业所使用的区域，此区域的商品大多在短时期即将被拣取出货，其商品在储位上流动频率很高，所以称为动管储区。由于这个区域的功能是提供拣货的需求，为了让拣货时间及距离缩短、降低拣错率，就必须在拣取时能很方便迅速地找到商品所在位置，因此对于储存的标示与位置指示就非常重要。而要让拣货顺利进行及拣错率降低，还得依赖一些拣货设备来完成，例如电脑辅助拣货系统 CAPS、自动拣货系统等。

对于现在仓库大多是少量多样高频率出货的现状，一般仓库的基本作业方式已经不能满足现实需要，动管储区这一管理方式的出现，恰恰符合了这一需求，其效率的评估与提高在仓库作业中已被作为重要的一部分。动管储区的主要任务是对储区货物的整理、整顿和对拣货单的处理。

在仓库中进行整理、整顿的工作，将使寻找商品的时间缩短，并可缩短行走的距离，而使效率提升。因为一般仓库的拣货作业，真正在拣取时所花费的时间很短，但花费在寻找商品、行走上的时间特别多，若能有效地运用整理、整顿，并将货架编号、商品编号、商品名称简明的标示，再利用灯光、颜色进行区分，不但可以提高拣货效率，还可以降低拣错率。但对于商品的变动及储位的变更，一定要更改记录，以掌握最正确的信息。

拣货单在设计时应对各个项目，如货架编号、货号、数量、品名合理安排顺序，以免拣货时产生一位多物、一号多物、拣错等错误出现。

四、储位管理的要素

储位管理的要素有储位空间、商品、人员及储放、搬运设备与资金等。

1. 储位空间

仓库从功能上可分为仓储型仓库和流通型仓库，所以在储位空间的分配上，对于仓储型仓库，主要是仓库保管空间的储位分配；而对于流通型仓库，则为便于拣货及补货进行储位分配。在储位分配时，确定储位空间，需先考虑空间大小、柱子排列、梁下高度、过道、设备作业半径等基本因素，再结合其他因素，才能合理安排储存商品。

2. 商品

管理放在储位上的商品，要考虑商品本身的影响因素，这些因素主要有：

（1）供应商。商品的供货渠道，是自己生产的还是购入的，有没有行业特点。

（2）商品特性。商品的体积大小、重量、单位、包装、周转率、季节性的分布及自然属性，温湿度的要求，气味的影响等。

（3）数量的影响。如生产量、进货量、库存量、安全库存量等。

（4）进货要求。采购前置时间、采购作业特殊要求。

（5）种类。种类类别、规格大小等。

然后决定如何放置，此时应该考虑：存储单位（单个、箱、托盘）、储位策略（是定位存储、随机存储、分类存储还是分类随机存储，或是其他的分级、分区存储）、储位分配原则、商品特性、补货的方便性、单位在库时间、订购频率等。

商品摆放好后，就要进行有效的在库管理，随时掌握库存状况，了解其种类、数量、位置、入出库状况等所有资料。

3. 人员

人员包括了仓管人员、搬运人员、拣货补货人员等。仓管人员负责管理及盘点作业，拣货人员负责拣货作业，补货人员负责补货作业，搬运人员负责入库、出库作业、翻堆作业（为了商品先进先出、通风、气味避免混合等）。

而人员在存取、搬运商品时，讲求的是省时、高效。而在照顾员工的条件下，讲求的是省力。因此要达成存取效率高、省时、省力，作业流程方面要合理化；储位配置及标示要简单、清楚，一目了然；商品要好放、好拿、好找，表单要简单、标准化。

4. 储放、搬运设备与资金

相比较储位空间、商品、人员来说，储备搬运设备与资金是关联要素，在选择搬运储备时，要考虑商品特性、单位、容器、托盘等因素，以及人员作业时的流程、储位空间的分配等，还要考虑设备成本与人员操作的方便性。各储位统一编码，编码规则必须明了易懂，好操作。最后就是资金要有预算，如果超出预算，要看是否能够产生相应效益。

五、储位管理的方法与步骤

（1）先了解储位管理的原则，接着应用这些原则来判别自己商品储放需求。

（2）对储放空间进行规划配置，选择储放设备及搬运设备。

（3）对这些保管区域与设备进行储位编码和商品编号。

（4）选择用什么分配方式把商品分配到所编好码的储位上，可选择人工分配、计算机辅助分配、计算机全自动分配的方法进行分配。

（5）商品分配到储位上后，要对储位进行维护。而要让这维护工作能持续不断地进行就得借助一些核查与改善的方法来监督与鼓励。

【考核与评价】

考核与评价表

<table>
<tr><td colspan="2">被考评小组（个人）</td><td></td><td colspan="3">被考核小组成员名单</td><td colspan="3"></td></tr>
<tr><td>考核内容</td><td colspan="8"></td></tr>
<tr><td rowspan="6">考核标准</td><td>考核要点</td><td>分值（分）</td><td>自我评价（40%）</td><td>他人（他组）评价（平均）（30%）</td><td>教师评价（30%）</td><td>合计（100%）</td><td>备注</td></tr>
<tr><td>操作能力</td><td>30</td><td></td><td></td><td></td><td></td><td></td></tr>
<tr><td>团队合作精神</td><td>25</td><td></td><td></td><td></td><td></td><td></td></tr>
<tr><td>语言表达</td><td>20</td><td></td><td></td><td></td><td></td><td></td></tr>
<tr><td>参与讨论的积极性</td><td>15</td><td></td><td></td><td></td><td></td><td></td></tr>
<tr><td>内容</td><td>10</td><td></td><td></td><td></td><td></td><td></td></tr>
<tr><td colspan="2">合计</td><td>100</td><td></td><td></td><td></td><td></td><td></td></tr>
</table>

【练习与自测】

填空题

1. 储位管理的对象，分为（　　　　）和（　　　　）两部分。

2. 储位管理的要素有（　　　　　）、（　　　　　）、（　　　　）、（　　　　）与（　　）等。

3. 在仓库的所有作业中，所用到的保管区域均是储位管理的范围，根据作业方式不同分为（　　　　）、（　　　　　）和（　　　　　）。

任务四　货位编码

【学习目标】

一、专业目标

1. 知识目标

了解货位编码的重要意义。

2. 能力目标

能够运用四号定位法解决问题。

二、非专业能力目标

1. 方法能力目标

(1) 能够运用关键词法进行归纳总结；
(2) 具备明确任务的能力、管理能力。

2. 社会能力目标

(1) 能清晰表达自己见解并倾听他人的意见和建议；
(2) 能对仓库进行现场管理。

【工作任务】

(1) 请列出库内货位不编码存在的问题，并展示在白板上。

个人工作/工作时间：15 min

(2) 请仔细阅读学习材料并标记最重要的信息。

个人工作/工作时间：10 min

(3) 请将你标记的关键词与表中所列的关键词比较。请勾出那些你能够用自己的话讲述（最多两句）的概念。

个人工作/工作时间：10 min

(4) 请与你的邻座轮流解释各个概念，在此过程中共同搞明白不懂的问题。

小组工作/工作时间：5 min

(5) 教师随机抽检同学进行复述，并对理解不正确的关键概念进行纠正。

小组工作/工作时间：10 min

(6) 教师出题，进行四号定位法随机练习；小组组长出题练习。

小组工作/工作时间：25 min

（7）教师点评。

个人工作/工作时间：5 min

【工作情境】

你正与同事一起将送达的货物从收货区转入仓库。在以下交付的货物能够入库之前，要将仓库货位进行有效管理，仔细对货架存储区进行编码管理。

由于你还从未有过货位编码的经验，在中午休息时你向同事咨询。他把学习资料交给你，需要你学习后进行有效的货位编码。

【工作指导与实施】

货位编码是指将仓库范围的房、棚、场以及库房的楼层、仓间、货架、走支道等按地点、位置顺序编列号码，并作出明显标示，以便商品进出库可按号存取。

一、货位编码

仓库的货位布置可根据仓库的条件、结构、需要，根据已确定的商品分类保管的方案及仓容定额加以确定。货位编码的方法有多种，可灵活掌握，但无论采用何种方式，货位的摆放往往都需要与主作业通道垂直，以便于存取。

二、货位编码的要求

货位的编码就好比商品在仓库中的住址，必须符合“标志明显易找，编排循规有序”的原则。具体编码时，须符合以下要求：

（1）标志设置要适宜。货位编码的标志设置，要因地制宜，采用适当的方法，选择适当的地方。如在无货架的库房内，走道、支道、段位的标志一般都刷在水泥或木板地坪上；在有货架库房内，货位标志一般设置在货架上等。

（2）标志制作要规范。货位编码的标志如果随心所欲、五花八门，很容易造成单据串库、商品错收和错发等事故。统一使用阿拉伯字码制作标志，就可以避免以上弊病。为了将库房以及走道、支道、段位等加以区别，可在字码大小、颜色上进行区分，也可在字码外加上括号、圆圈等符号加以区分。

（3）编号顺序要一致。整个仓库范围内的库房、货场内的走道和支道、段位的编号，一般都以进门的方向按左单右双或自左向右顺序编号的规则进行。

（4）段位间隔要恰当。段位间隔的宽窄，应取决于货种及批量的大小。

同时应注意的是，走道、支道不宜经常变更位置和编号，因为这样不仅会打乱原来的货位编码，而且会使保管员不能迅速收发货。

三、货位编码的方法

目前，仓库中货位编码常用的方法有以下几种。

（1）区段方式。区段方式是指把保管区域分割为几个区段，再对每个区段编码。这种编码方式以区段为单位，每个号码所代表的储区较大，因此适用于单元化装载的存货，以及大量或保管周期短的存货。在 ABC 分类中的 A、B 类存货很适合这种编码方式。存货所占区段的大小根据物流量的大小而定，以进出货频率来决定其配置顺序。

（2）存货类别方式。存货类别方式是把一些相关存货经过集合后，区分为几个存货大类，再对每类存货进行编码。这种编码方式适用于按存货类别保管或品牌差距大的存货，如服饰类、五金类等。

（3）地址式。利用保管区域中的现成参考单位，例如建筑物第几栋、区段、排、行、层、格等，依照其相关顺序来进行编码，就像地址的几段、几巷、几弄、几号一样。

这种编码方式由于其所标注代表的区域通常以一个储位为限，且其有相对顺序性可查询，使用起来容易明了又方便，所以为目前仓库中使用最多的编码方式。但由于其储位体积所限，适合一些量少或单价高的货物储存使用，例如 ABC 分类中 C 类的货物。

（4）坐标式。利用空间概念来编排储位的方式，此种编排方式由于其对每个储位定位切割细小，在管理上比较复杂，对于流通率很小，需要长时间存放的货物，即一些生命周期较长的货物比较适用。

（5）四号定位法。四号定位法是用库房号、货架号、货架层次号和货位号表明货物储存的位置，以便查找和作业的货物定位方法。用这四个号码对库存物资进行编号，通过查阅物资的编号，就可知道该物资存放的具体位置。四号定位法是仓库管理中准确记录物资位置的一种方法。

①库：指仓库编号，一般用两位数字表示。

②排：指货架的排数，一般用两位数字表示。

③层：指货物放置在货架上的层次，用一位数字表示。

④位：指货位，表示物品在货架上的放置顺序，一般用数字表示。

例如，放置在 5 号库第 14 排货架第 2 层的第 11 种物品，其编码记为 05 14 2 11

【考核与评价】

考核与评价表

被考评小组（个人）			被考核小组成员名单				
考核内容							
考核标准	考核要点	分值（分）	自我评价（40%）	他人（他组）评价（平均）（30%）	教师评价（30%）	合计（100%）	备注
	操作能力	30					
	团队合作精神	25					
	语言表达	20					
	参与讨论的积极性	15					
	内容	10					
合计		100					

【练习与自测】

请运用“四号定位法”对××物流仓库内货位进行编码。

××物流修建了一座12号库房，该库房分2层，长50米，宽40米，高8米，地坪承载重量200千克/平方米，库房1楼为托盘货架区，共分A、B、C、D四个区域，2楼为小件拣选区。公司新订制了6排托盘货架，每排货架有3层，每层12列。第6排货架货位示意如图所示。作为本库房的管理人员，请对货位进行编码。

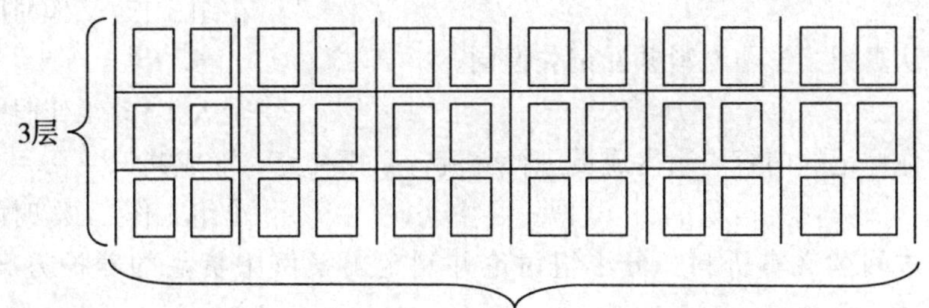

学习情境十一　货物保管与养护

任务一　货品保管

【学习目标】

一、专业目标

1. 知识目标

了解仓库内温湿度控制与调节的方法。

2. 能力目标

能够正确使用温湿度测量仪测量仓库内外的温湿度。

二、非专业能力目标

1. 方法能力目标

(1) 能够运用关键词法进行归纳总结；
(2) 具备明确任务的能力、管理能力。

2. 社会能力目标

(1) 能坚持安全规范操作，具有环保行为意识与职业素养意识；

(2) 培养团队协作的能力。

【工作任务】

(1) 分组讨论温湿度在我们生活中有哪些影响。

小组工作/工作时间：10 min

(2) 请认真阅读学习材料并标记关键词。

个人工作/工作时间：10 min

(3) 将你标记的内容与组内成员进行交流，互相补充，形成共识。

小组工作/工作时间：15 min

(4) 通过阅读文本资料，分小组讨论并制定出案例中货品的养护方案并绘制成海报。

小组工作/工作时间：25 min

(5) 每个小组用画图法将储位管理的步骤展示在海报上。

小组工作/工作时间：15 min

(6) 教师点评。

个人工作/工作时间：5 min

【工作情境】

近日来连降大雨，造成××物流仓库中的部分货品发霉，给仓库带来了不必要的损失。如果再有类似情况发生，作为仓库主管的你将如何预防？

【工作指导与实施】

一、温度与湿度的含义

(1) 温度：是指物体（包括空气）冷热的程度，以水沸腾时的温度（沸点）与水结冰时的温度（冰点）作为基点。

(2) 湿度：分为货物湿度、空气湿度（大气湿度）。换句话说，湿度表示水量的多少。货物含水量用百分比表示：空气湿度常用绝对湿度、饱和湿度、相对湿度、露点等物理量来表示。

(3) 绝对湿度：是指在单位体积的空气中实际所含水蒸气的量。

(4) 饱和湿度：在一定温度下，单位体积空气中所能容纳的水汽量的最大程度。

(5) 相对湿度：空气中实际含有的水蒸气量（绝对湿度）距离饱和状态（饱和湿度）程度的百分比。

相对湿度=（绝对湿度/同温度下的饱和湿度）×100%

(6) 露点：当含有一定数量水蒸气的空气（绝对湿度）的温度下降到一定程度时，

所含水蒸气就会达到饱和状态（饱和湿度，即相对湿度达 100%），并开始液化成水，即结露现象。

二、仓库温湿度的变化规律

1. 大气温湿度的变化规律

（1）温度的变化规律。

年变化——在一个自然年中，分为春夏秋冬四个季节。一年中气温最高的月份内陆一般为 7 月，沿海一般为 8 月；气温最低的月份内陆一般为 1 月，沿海一般为 2 月。

日变化——在一昼夜内气温的变化，其最高值一般出现在午后两三点钟，最低值一般在凌晨日出前。昼夜间最高温度和最低温度的差值称为气温日较差。

（2）相对湿度的变化规律。

年变化——一般最高值出现在冬季，最低值出现在夏季，与气温的年变化相反。

日变化——一般最高值出现在日出前，最低值一般出现在午后两三点钟，与气温的日变化相反。

2. 仓库内温湿度的变化

库房温度变化主要受季节、库房的建筑材料、库房结构、库房建筑物的色泽、库房建筑传热面和光滑程度、库内商品的特性、堆码等因素影响。

库房温湿度的变化与库外温湿度的变化大致相同。在春夏季，库外温度直线上升时，库温通常低于气温；在秋冬季时，气温急剧下降时，库温通常高于气温。

（1）冷库：温度 0～10℃、相对湿度 45%～75%。

（2）阴库：温度 0～20℃、相对湿度 5%～75%。

（3）常温库：温度 0～30℃、相对湿度 45%～75%。

三、仓库温湿度的调节与控制

1. 密封

利用防潮、绝热、不透气的材料把货物严密封闭起来，以隔绝空气、降低或减小空气温湿度对货物的影响，从而达到货物安全储存的目的。密封形式有整库密封、整垛密封、整柜密封、小室密封、货架密封以及按件密封等。常用的密封材料有塑料薄膜、油毡、芦席等，这些材料必须干燥清洁，无异味。

2. 通风

空气是从压力大的地方向压力小的地方流动的，气压差越大，空气流动就越快。通风，就是利用库内外空气湿度不同而产生的气压差，使库内外空气形成对流来达到调节仓库内温湿度的目的。

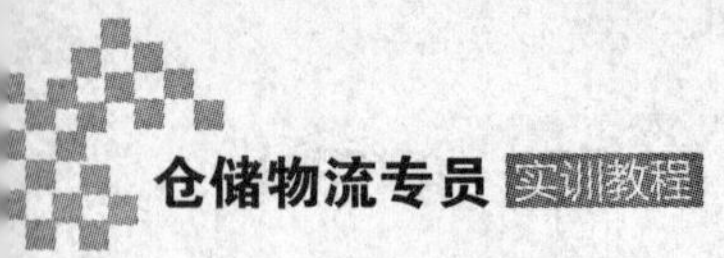

3. 吸潮与加湿

吸潮是与密封配合，用以降低库内空气湿度的一种有效方法。

4. 升温与降温

在不能通风来调节空气温度时，可用暖气设备来提高库房温度，也可用空调设备来升温或降温。

四、特殊货物温湿度的控制

1. 医疗器械储存

此货物仓库的温湿度要求仿效药品，其中冷库温度应达到 2~10 ℃，阴凉库温度不超过 20 ℃，常温库温度为 0~30 ℃，各库房相对湿度应保持在 45%~75%之间。

2. 火药储存

(1) 火药库宜设置于僻静所在，远离市区房舍及人群，如山洞或山凹处。库房外应筑土堤环绕保护，以策安全。

(2) 储存火药之库房宜为钢筋混凝土构造，不宜为木构造；若为钢构造，则所有裸落之钢材均应以防火材料紧密被覆。

(3) 火药库房应保持干燥通风，并避免日光直射，室温维持在 8~30 ℃。

(4) 火药库房附近应设置避雷针，针尖端之高度必须能在 45°俯角将火药库涵盖在内，以防雷击。

(5) 雷管、导火线、炸药箱及起爆机应分开储存，不要储存于同一处所。在库房内切忌打开炸药箱，亦不得在库房内装雷管。

(6) 库房管理必须严格，严禁烟火，不要将火药类与易燃物堆置在一起。非任务人员不得靠近。

(7) 对于长期储存之火药类，须注意其吸湿与冻结。

3. 烟草储存

温度是导致烟叶霉变的重要因素，湿度则是烟叶霉变的前提条件，温度最好要控制在 4℃左右，湿度要保持在 60%。

【考核与评价】

考核与评价表

被考评小组（个人）			被考核小组成员名单				
考核内容							
考核标准	考核要点	分值（分）	自我评价（40%）	他人（他组）评价（平均）（30%）	教师评价（30%）	合计（100%）	备注
	操作能力	30					
	团队合作精神	25					
	语言表达	20					
	参与讨论的积极性	15					
	内容	10					
合计		100					

【练习与自测】

一、单项选择题

（　　）是指物体（包括空气）冷热的程度，以水沸腾时的温度（沸点）与水结冰时的温度（冰点）作为基点。

A. 温度　　B. 湿度

C. 绝对湿度　　D. 饱和湿度

二、多项选择题

仓库温湿度的调节与控制的方法包括（　　）。

A. 密封　　B. 通风

C. 吸潮与加湿　　D. 升温与降温

任务二　货品养护

【学习目标】

一、专业目标

1. 知识目标

掌握商品储运期间的质量变化和应对措施。

2. 能力目标

能叙述各类货品的保管、养护方法。

二、非专业能力目标

1. 方法能力目标

（1）能够团队协作对物品在库保管作业进行计划、组织、优化、决策；
（2）能够独立处理问题，并能针对物品保管作业突发状况采取恰当的措施。

2. 社会能力目标

（1）能够对仓库进行现场管理；
（2）能清晰表达自己见解并倾听他人的意见和建议。

【工作任务】

（1）分小组将商品储运期间的质量变化和应对措施用海报展现出来。

小组工作/工作时间：20 min

（2）将你填写的内容与组内成员进行交流，互相补充，形成共识。

小组工作/工作时间：5 min

（3）各小组参观其他小组的作品，并提出意见，在自己喜欢的海报上画上符号，评选出第1、2、3名。

小组工作/工作时间：10 min

（4）教师总结。

个人工作/工作时间：5 min

【工作情境】

××物流采用新到员工轮岗模式，今天你将到库房学习货品养护方面的知识。

【工作指导与实施】

一、商品的物理机械变化

1. 挥发

低沸点的液体商品或经液化的气体商品，在一定的条件下，其表面分子能迅速汽化而变成气体散发到空气中去的现象叫挥发。

2. 溶化

溶化是指固体商品在保存过程中，吸收潮湿空气或环境中的水分达到一定程度时，会溶解变成液体的现象。

3. 熔化

熔化是指低熔点的商品受热后发生软化乃至化为液体的变化现象。

4. 渗漏

渗漏主要是指液体商品发生跑、冒、滴、漏等现象。

5. 串味

串味是指吸附性较强的商品吸附其他气体、异味，从而改变本来气味的变化现象。

6. 沉淀

沉淀是指含有胶质和易挥发成分的商品，在低温或高温条件下，部分物质凝固，进而发生下沉或膏体分离的现象。

7. 玷污

玷污是指商品外表沾有其他脏物、染有其他污秽的现象。

8. 破碎与变形

破碎与变形是指商品在外力作用下所发生的形态上改变的机械变化。

二、商品的化学变化

1. 分解、水解

分解是指某些化学性质不稳定的商品，在光、热、酸、碱及潮湿空气的作用下，会由一种物质分解成两种或两种以上物质的变化现象。

2. 氧化

氧化是指商品与空气中的氧或与其他放出氧气的物质接触，发生与氧结合的化学变化。

3. 老化

老化是指某些以高分子化合物为主要成分的商品，如橡胶、塑料、合成纤维等高分子材料制品，在储运过程中，受到光、氧、热及微生物等的作用，出现发黏、龟裂、变脆、失去弹性、强力下降、丧失原有优良性能的变质现象。

三、物品保管、养护方案

(1) 密封；

(2) 通风;
(3) 吸湿。

四、物品霉腐的防治方法

(1) 加强库存商品管理;
(2) 化学药剂防霉腐;
(3) 防霉的其他方法。

五、金属商品的防锈技术

(1) 控制和改善储存条件;
(2) 涂油防锈;
(3) 气相防锈;
(4) 可剥性塑料封存。

六、仓库虫害防治

(1) 货仓一般害虫的防治;
(2) 鼠害的防治;
(3) 白蚁的防治。

【考核与评价】

考核与评价表

被考评小组(个人)			被考核小组成员名单				
考核内容							
考核标准	考核要点	分值(分)	自我评价(40%)	他人(他组)评价(平均)(30%)	教师评价(30%)	合计(100%)	备注
	操作能力	30					
	团队合作精神	25					
	语言表达	20					
	参与讨论的积极性	15					
	内容	10					
合计		100					

【练习与自测】

××物流青白江库房里面物品种类多、数量大,你现在该库房实习,你的主管要求你制定出以下物品的保管、养护方案,也可以上网查资料,小组完成以下商品的养护方案。

【示例】

茶叶的保管和养护

(1) 控制湿度。干燥，当茶叶水分含量在3%时，可以较好地阻止脂质的氧化变质。

(2) 控制温度。降低储存环境的温度（5 ℃或以下），使茶叶中活性物质的转化速度降到最低，从而延长保鲜期。

(3) 密封保存。隔绝氧气，使茶叶不能进行氧化作用，从而延长茶叶保鲜期。

(4) 遮阴避光。减缓植物色素或脂质的氧化，使茶叶色泽、香气陈化。

(5) 单独存放，避免串味。茶叶具有较强的吸附性，选择无异味符合食品安全要求的包装，置放于无杂味的环境中可以防止异味混淆。

序号	品种	保管、养护方案
1	土豆	
2	铁锅	
3	棉被	
4	坚果	
5	大米	
6	白菜	
7	面包	
8	草莓	
9	菜刀	
10	牛奶	

任务三　物品损耗

【学习目标】

一、专业目标

1. 知识目标

掌握物品损耗的含义。

2. 能力目标

能针对物品的不同损耗原因找出具体的解决办法。

二、非专业能力目标

1. 方法能力目标

(1) 能够团队协作对物品在库保管作业进行计划、组织、优化、决策;

(2) 能够独立处理问题，并能针对物品损耗采取恰当的措施。

2. 社会能力目标

(1) 能够对仓库进行现场管理;

(2) 能清晰表达自己见解并倾听他人的意见和建议。

【工作任务】

(1) 阅读学习材料，知道什么是物品损耗，并把物品损耗的含义默写在卡片上。

个人工作/工作时间：10 min

(2) 请大家采用小组扩展法，分析思考仓库里物品损耗的因素，并通过海报展示出来。

小组工作/工作时间：30 min

(3) 小组思考讨论针对物品的不同损耗原因应该怎么处理，并把处理方法填写在表格中。

小组工作/工作时间：30 min

(4) 教师总结。

个人工作/工作时间：10min

【工作情境】

××物流采用新到员工轮岗模式，今天你将到库房学习物品损耗方面的知识。

【工作指导与实施】

一、物品损耗概述

物品损耗是指物品在库期间，保管这种物品所发生的自然损耗，一般以物品保管损耗率来表示。

物品在保管过程中，因其本身的性质、自然条件的影响、计量工具的误差，或人为的原因，会发生各种损耗。这些损耗有的是可以避免的，有的则难以避免。

二、物品损耗的原因

1. 物品的自然损耗

物品的自然损耗是指物品在库期间，因物品性能、自然条件、包装情况、装卸搬运设备、技术操作等所造成的不可避免的损耗与自然减量，如物品发生干燥、风化、挥发、黏结、潮解、漏损、破碎等现象，以及在搬运、装卸、检验、更换包装、倒垛等过程中产生的损耗。

2. 人为因素或自然灾害造成的损耗

人为因素或自然灾害造成的损耗是指因操作或业务人员的失职和保管不善，致使货物发生霉烂、变质或丢失而造成的损失；或由于水灾、地震等自然灾害而造成的非常损失等而造成的损耗。

3. 磅差

磅差是指物品在进出库时，由于计量工具之间精度上的差别，而造成的物品数量差异。

三、物品损耗标准

物品损耗一般用标准损耗率来表示。为了判定物品的损耗是否合理，一般对不同情况、不同物品规定相应的合理损耗标准。

在评价某种物品在库保管期间的损耗水平时，要计算物品保管损耗率。物品保管损耗率是指在一定的保管条件和保管期内，其自然损耗量与该种物品库存量的比值。某种物品保管损耗率若低于该物品标准损耗率的为合理损耗，高于该物品标准损耗率的部分为不合理损耗。

四、物品损耗的处理

物品出现损耗的处理方式如表 11−1 所示。

表 11−1 物品损耗的处理

问题	处理方法
变质	按维护保养要求，查明原因，提出措施进行维护保养
过期	通知存货人或物品所有人及时采取措施或处理
数量有出入	弄清情况、查明原因，分清责任并通知有关人员
破损	查明原因，与存货人或物品所有人协商处理
霉烂、变质、残损	应采取积极挽救措施，尽量减少损失

【考核与评价】

考核与评价表

被考评小组（个人）			被考核小组成员名单				
考核内容							
	考核要点	分值（分）	自我评价（40%）	他人（他组）评价（平均）（30%）	教师评价（30%）	合计（100%）	备注
考核标准	操作能力	30					
	团队合作精神	25					
	语言表达	20					
	参与讨论的积极性	15					
	内容	10					
合计		100					

【练习与自测】

简答题

1. 物品损耗的原因有哪些？
2. 物品损耗的处理方法有哪些？

任务四　仓库劳动保护

【学习目标】

一、专业目标

1. 知识目标

了解仓储安全作业基本要求。

2. 能力目标

能为仓储作业设计仓库安全操作规程。

二、非专业能力目标

1. 方法能力目标

(1) 能够团队协作对物品在库保管作业进行计划、组织、优化、决策；

(2) 能够坚持安全规范操作，具有环保行为意识与职业素养意识。

2. 社会能力目标

(1) 能够对仓库进行现场管理；

(2) 能清晰表达自己见解并倾听他人的意见和建议。

【工作任务】

(1) 根据学习材料内容，采用小组扩展法，总结出仓储安全作业基本要求，贴在海报上，并请一位同学现场讲述。

小组工作/工作时间：25 min

(2) 教师检查并梳理学生对学习材料的理解。

个人工作/工作时间：15 min

(3) 采用海报法，请你为某仓储作业设计一份仓库安全操作规程，并讲解。

小组工作/工作时间：30 min

(4) 教师总结。

个人工作/工作时间：10 min

【工作情境】

你作为××物流仓库主管部门员工，协同你的团队为该仓库制作一份仓库安全操作规程，下面是为你提供的一些学习资料。

【工作指导与实施】

仓储安全作业直接关系到货物的安全、作业人员人身安全、作业设备和仓库设施的安全。这些安全事项都是仓库的责任范围，所造成的损失100%由仓库来承担，因而说仓储安全作业管理是经济效益管理的组成部分。

安全作业管理要从作业设备、场所和作业人员两方面进行管理，一方面消除安全隐患，减小不安全的系统风险；另一方面提高作业人员的安全责任心和安全防范意识。

一、仓储安全作业管理的内容

1. 安全作业管理制度化

仓储安全作业管理应成为仓库日常管理的重要项目，仓库应制定科学合理的作业安全制度、操作规程和安全责任制度，并通过严格的监督，确保管理制度得以有效和充分的运行。

2. 加强劳动安全保护

劳动安全保护包括直接和间接施行于员工人身的保护措施。仓库要遵守《中华人民共和国劳动法》的劳动时间和休息规定，每日8小时、每周不超过40小时的工时制，依法安排加班，保证员工有足够的休息时间，包括合适的工间休息。提供合适和足够的劳动防护用品，如高强度工作鞋、安全帽、手套、工作服等，并督促作业人员使用和穿戴。采用具有较高安全系数的作业设备、作业机械，作业工具应适合作业要求，作业场地必须具有合适的通风、照明、防滑、保暖等适合作业的条件。不进行冒险的仓储作业和不安全环境的作业，在大风、雨雪影响作业时暂缓作业。避免人员带伤病作业。

3. 加强作业人员资质管理和业务培训、安全教育

新参加仓库工作和转岗的员工，应进行仓储安全教育，对所从事的作业进行安全作业和操作培训，确保熟练掌握岗位的安全作业技能和规范。从事特种作业的员工必须经过专门培训并取得特种作业资格，方可进行作业，且仅能从事其资格证书限定的作业项目操作，不能混岗作业。安全作业宣传和教育是仓库的长期性工作，作业安全检查是仓库安全作业管理的日常工作。通过不断的宣传、严格的检查，对违章和无视安全的行为给予严厉的惩罚，强化作业人员的安全责任心。

4. 仓储安全监控电子化

计算机技术和电子技术的发展促进了仓储安全管理的科学化和现代化，仓储安全管理必将突破传统的经验管理模式，增加安全管理的科技含量，依靠科技手段，推广应用仓储安全监控技术，提高仓储安全水平。

二、仓储安全作业管理的特点

现代安全管理就是应用现代科学知识和工程技术去研究、分析、评价、控制以及消除物资储存过程中的各种危险，有效地防止灾害事故，避免损失。加强商场超市仓库安全管理，重要的是找出仓库事故发生发展的规律，弄清仓库安全管理工作的特殊规律，有针对性地采取相应措施。

1. 从总体出发，实行系统安全管理

由于商场超市仓库安全管理内容繁多，有仓库安全管理组织体制，主要对仓库安全组织机构设置原则、形式、任务、目标等内容进行优化；有仓库安全管理基础工作，如仓库安全管理法规建设、仓库安全培训教育的组织与实施、仓库安全设计及其评价、仓库安全检查方案的制定与实施等；有仓库作业生产安全管理，如仓库储存作业、收发作业的安全管理；有仓库设施、设备的安全管理，如仓库库房、装卸搬运设备、电气设备、通风设备、消防设备等的安全管理及事故预防措施；有仓库检修作业安全管理；有仓库劳动保护；有仓库人员安全管理；有仓库安全评估；有仓库事故管理等。各个仓库安全管理内容和安全管理环节之间形成相互联系、相互制约的体系。因此，仓库安全管理不能孤立地从个别环节或在某一局部范围内分析和研究安全保障，必须从系统的总体出发，全面地观察、分析和解决问题，才可能实现系统安全的目标。

系统安全管理应当从仓库储存规划可行性研究中的安全论证开始，包括安全设计、安全审核、安全评价、规章制度、安全检查、安全教育与训练以及事故管理等各项管理

工作。

2. 以预防事故为中心，进行预先安全分析与评价

预测和预防事故是现代仓库安全管理的重要课题，对仓库作业系统中固有的及潜在的危险进行综合分析、测定和评价，并进而采取有效的方法、手段和行动，控制和消除这些危险，以防止事故，避免损失。

预防事故的根本在于认识危险，进行危险性预测，运用科学知识和手段，对工程项目、仓库作业系统中存在的危险及可能发生的事故及其严重程度，进行分析和判断，并进一步做出估计和评价，以便于查明系统的薄弱环节和危险所在并加以改进，同时也可对各种设计方案能否满足系统安全性的要求进行评价并作为制定措施的依据。

危险性预测的基本内容包括系统中有哪些危险，可能会发生什么样的事故，事故是怎样发生的，发生的可能性有多大（也就是用事故发生的概率或用既定的危险性量度表示，以及危害和后果是什么）。

为保障仓库安全，对于储存危险性的物资，即有足够潜在能量形成足以毁坏大量库存物资或造成人员伤亡的条件，而且有引起火灾爆炸等灾害的实际可能性情况，必须预先建立完善的和可靠的安全防护系统。对各项安全设施与装置的选择以及设置的数量，应通过安全评价确定。

3. 对安全进行数量分析，为安全管理、事故预测和选择最优化方案提供科学的依据

现代安全工程把安全中的一些非定量也采取定量的方法研究，把安全从抽象的概念化为一个数量指标，从而为安全管理、事故预测和选择最优化方案提供了科学的依据。安全工程所研究的问题，说到底是一个划界的问题，也就是划定安全与危险的界限，可行与不可行的界限。

对安全进行数量分析，是安全科学日益发展完善的一个标志。运用数学方法和计算机技术研究故障和事故与其影响因素之间的数量关系，揭示其间的数量变化及规律，就可以对危险性等级及可能导致损失的严重程度进行客观的评定，从而为选择最优的安全措施方案和决策提供依据。

安全的定量化分析包括以事故发生频率、事故严重率、安全系数、安全极限和以预先给定数值作为尺度进行分析比较的相对方法，以及用事件发生的概率值作为安全量度的概率方法。

三、仓储安全作业的基本要求

从作业人员、作业机械设备和储存商品免受损害的角度分析，仓储安全作业的基本要求，就是按照规范操作，注意安全防护。具体地说，对仓储安全作业的要求是因操作方式的不同而有所不同的。一般是按照人工作业方式和机械作业方式这两种常规的仓储作业方式，对仓储安全作业的相关要求进行细化。

仓储安全作业的基本要求包括人力作业和机械作业两方面内容。

1. 人力作业的安全操作要求

由于人工作业方式受到作业人员的身体素质、精神状况和感知能力、应急能力等多种因素的影响，因此必须做好作业人员的安全作业管理工作，具体要求如下。

仅在合适的作业环境和负荷条件下进行作业。人工作业现场必须排除损害作业人员身心健康的因素；对于存在潜在危险的作业环境，作业前要告知作业人员，让其了解作业环境，尽量避免作业人员身处或接近危险因素和危险位置。人力作业仅限制于轻负荷的作业，不超负荷作业，人力搬运商品时要注意商品标重。一般来说，男性员工不得搬举超过 80 kg 的商品，女性员工搬运负荷不得超过 25 kg，集体搬运时每个人的负荷不得超过 40 kg。

尽可能采用人力机械作业。人力机械承重也应在限定的范围，如人力绞车、滑车、拖车、手推车等不超过 500 kg。

做好作业人员的安全防护工作。作业人员要根据作业环境和接触的商品性质，穿戴相应的安全防护用具，携带相应的作业用具，按照规定的作业方法进行作业；不得使用自然滑动、滚动和其他野蛮作业方式；作业时注意人工与机械的配合；在机械移动作业时人员需避开移动的商品和机械。

只在适合作业的安全环境进行作业。作业前应使作业员工清楚明白作业要求，让员工了解作业环境，指明危险因素和危险位置。

作业现场必须设专人指挥和进行安全指导。安全人员要严格按照安全规范进行作业指挥；指导人员避开不稳定货垛的正面、运行起重设备的下方等不安全位置进行作业；在作业设备调整时应暂停作业，适当避让；发现作业现场存在安全隐患时，应及时停止作业，消除隐患后方可恢复作业。

合理安排作息时间。为保证作业人员的体力和精力，每作业一段时间应作适当的休息，如每作业 2 h 至少有 10 min 休息时间，每 4 h 有 1 h 休息时间，还要合理安排吃饭、喝水等生理活动的时间。

2. 机械作业的安全要求

机械安全作业管理的内容主要是注意机械本身状况及可能对商品造成的损害。具体要求如下。

在机械设备设计负荷许可的范围内作业。作业机械设备不得超负荷作业；危险品作业时还需减低负荷 25%作业；所使用的设备应无损坏，特别是设备的承重机件，更应无损坏，符合使用的要求，不得使用运行状况不好的机械设备作业。

使用合适的机械、设备进行作业。尽可能采用专用设备作业，或者使用专用工具。使用通用设备，必须满足作业需要，并进行必要的防护，如货物绑扎、限位等。

设备作业要有专人进行指挥。采用规定的指挥信号，按作业规范进行作业指挥。

移动吊车必须在停放稳定后方可作业。叉车不得直接叉运压力容器和未包装货物；移动设备在载货时需控制行驶速度，不可高速行驶。货物不能超出车辆两侧 0.2 m，禁止两车共载一物。载货移动设备上不得载人运行。

【考核与评价】

考核与评价表

被考评小组（个人）			被考核小组成员名单				
考核内容							
考核标准	考核要点	分值（分）	自我评价（40%）	他人（他组）评价（平均）（30%）	教师评价（30%）	合计（100%）	备注
	操作能力	30					
	团队合作精神	25					
	语言表达	20					
	参与讨论的积极性	15					
	内容	10					
合计		100					

【练习与自测】

单项选择题

1. 仓库要遵守《中华人民共和国劳动法》的劳动时间和休息规定，每日（　　）小时、每周不超过（　　）小时的工时制，依法安排加班，保证员工有足够的休息时间，包括合适的工间休息。

A. 8；40　　　　B. 8；48

C. 9；45　　　　D. 9；54

2. 下列说法错误的是（　　）。

A. 货物不能超出车辆两侧 0.2 m，禁止两车共载一物

B. 载货移动设备上可以载人运行

C. 仓储安全作业的基本要求包括人力作业和机械作业两方面内容

D. 设备作业要有专人进行指挥

任务五　消防安全

【学习目标】

一、专业目标

1. 知识目标

掌握燃烧的条件，了解火灾发生的常见原因。

2. 能力目标

能说出灭火的方法。

二、非专业能力目标

1. 方法能力目标

(1) 能够团队协作完成任务，解决问题；
(2) 能够坚持安全规范操作，具有环保行为意识与职业素养意识。

2. 社会能力目标

(1) 能够对仓库进行现场管理。
(2) 能清晰表达自己见解并倾听他人的意见和建议。

【工作任务】

(1) 学生独立思考，写出燃烧的必要条件。

个人工作/工作时间：5 min

(2) 和邻桌的同学相互讨论，看看你们的分类是否一样，进行归纳统一，并写在卡片上。

小组工作/工作时间：10 min

(3) 采用餐垫法，写出你认为的火灾发生的原因，并展示。

小组工作/工作时间：15 min

(4) 教师总结火灾形成的必要条件与原因。

个人工作/工作时间：10 min

(5) 学生阅读指导材料，小组讨论，并进行根据火灾分类写出对应燃烧物资。

小组工作/工作时间：15 min

(6) 阅读材料（所给关键词），理解常用火灾灭火方法。

个人工作/工作时间：10 min

(7) 阅读材料，了解我国仓库安全管理相关准则内容。

个人工作/工作时间：10 min

(8) 教师总结。

个人工作/工作时间：5 min

【工作情境】

你作为××物流安全员，将为新员工培训仓库消防安全，你打算从哪些方面开始着手呢？

【工作指导与实施】

一、燃烧的条件

燃烧必须同时具备可燃物、助燃物、点火源三个条件。可燃物是指与空气中的氧气或其他氧化剂能发生燃烧反应的物质，如木材、天然气、石油等；助燃物是指能与可燃物质发生燃烧反应的物质，一般指氧和氧化剂，主要是指空气中的氧；点火源又称着火源，是指具有一定能量，能够引起可燃物燃烧的热能源。

二、燃烧的分类

燃烧是一种复杂的物理、化学交织变化的过程。按照燃烧形成的条件和发生瞬间的特点，燃烧可以分为着火和爆炸。

1. 着火

可燃物在与空气共存的条件下，当达到某一温度时，与引火源接触即能引起燃烧，并在引火源离开后仍能继续燃烧，这种持续燃烧的现象叫着火。着火就是燃烧的开始，并且以出现火焰为特征。着火是日常生活中常见的燃烧现象。可燃物的着火方式一般分为以下两类。

（1）点燃：可燃混合气体因受外加点火源加热，引发局部火焰，并相继发生火焰，传播至整个可燃混合物的现象，称点燃或称强迫着火。

（2）自燃：可燃物质在没有外部火源的作用时，因受热或自身发热并蓄热所产生的燃烧，称为自燃。自然又分为热自燃和化学自燃。

2. 爆炸

爆炸是指物质由一种状态迅速地转变成另一种状态，并在瞬间以机械功的形式释放出巨大的能量，或是气体、蒸气在瞬间发生剧烈膨胀等现象。爆炸最重要的一个特质是爆炸点周围发生剧烈的压力突变，这种压力突变就是爆炸产生破坏作用的原因。

三、火灾发生的常见原因

（1）电气；
（2）吸烟；
（3）生活用火不慎；
（4）生产作业不慎；
（5）设备故障；
（6）玩火；
（7）放火；
（8）雷击。

四、火灾的定义

火灾是指在时间或空间上失去控制的燃烧所造成的灾害。

在各种灾害中，火灾是最经常、最普遍地威胁公众安全和社会发展的主要灾害之一。

火灾根据可燃物的类型和燃烧特性，分为A、B、C、D、E、F六大类，如表11-1所示。

表11-1 火灾分类（GB/T 4968—2008）

序号	类别	可燃物的类型和燃烧特性
1	A类火灾	固体物质火灾
2	B类火灾	液体或可熔化的固体物质火灾
3	C类火灾	气体火灾
4	D类火灾	金属火灾
5	E类火灾	带电火灾
6	F类火灾	烹饪器具内的烹饪物（如动植物油脂）火灾

五、常用灭火方法

1. 隔离灭火法

隔离灭火法是将火源处或其周围的可燃物质隔离或移开，燃烧会因缺少可燃物而停止。如将火源附近的可燃、易燃、易爆和助燃物品搬走；关闭可燃气体、液体管路的阀门，以减少和阻止可燃物质进入燃烧区；设法阻拦流散的液体；拆除与火源毗连的易燃建筑物等。

2. 冷却灭火法

冷却灭火法是将灭火剂直接喷射到燃烧物上，以增加散热量，降低燃烧物的温度于燃点以下，使燃烧停止；或者将灭火剂喷洒在火源附近的物体上，使其不受火焰辐射热的威胁，避免形成新的火点。冷却灭火法是灭火的一种主要方法，常用水和二氧化碳作灭火剂冷却降温灭火。灭火剂在灭火过程中不参与燃烧过程中的化学反应。这种方法属于物理灭火方法。

3. 窒息灭火法

窒息灭火法是阻止空气流入燃烧区或用不燃烧区或用不燃物质冲淡空气，使燃烧物得不到足够的氧气而熄灭的灭火方法。

4. 抑制灭火法

抑制灭火法也称化学中断法，就是使灭火剂参与到燃烧反应历程中，使燃烧过程中产生的游离基消失，而形成稳定分子或低活性游离基，使燃烧反应停止，如干粉灭火剂灭气体火灾。

六、灭火器的选择

在选择灭火器时应符合下列规定：

(1) 扑救A类火灾应选用水型、泡沫、干粉、卤代烷等灭火器；

(2) 扑救B类火灾应选用干粉、泡沫、卤代烷、二氧化碳型等灭火器，扑救水溶性B类火灾不得选用化学泡沫灭火器；

(3) 扑救C类火灾应选用干粉、卤代烷、二氧化碳型灭火器；

(4) 扑救D类火灾应选用专用干粉灭火器。

(5) 扑救E类带电设备火灾应选用卤代烷、二氧化碳型、干粉灭火器；

【附件】

仓库防火安全管理规则

第一章 总则

第一条 为了加强仓库消防安全管理，保护仓库免受火灾危害。根据《中华人民共和国消防条例》及其实施细则的有关规定，制定本规则。

第二条 仓库消防安全必须贯彻“预防为主，防消结合”的方针，实行“谁主管，谁负责”的原则。仓库消防安全由本单位及其上级主管部门负责。

第三条 本规则由县级以上公安机关消防监督机构负责监督。

第四条 本规则适用于国家、集体和个体经营的储存物品的各类仓库、堆栈、货场。储存火药、炸药、火工品和军工物资的仓库，按照国家有关规定执行。

第二章 组织管理

第五条 新建、扩建和改建的仓库建筑设计，要符合国家建筑设计防火规范的有关规定，并经公安消防监督机构审核。仓库竣工时，其主管部门应当会同公安消防监督等有关部门进行验收；验收不合格的，不得交付使用。

第六条 仓库应当确定一名主要领导人为防火负责人，全面负责仓库的消防安全管理工作。

第七条 仓库防火负责人负有下列职责：

一、组织学习贯彻消防法规，完成上级部署的消防工作；

二、组织制定电源、火源、易燃易爆物品的安全管理和值班巡逻等制度，落实逐级防火责任制和岗位防火责任制；

三、组织对职工进行消防宣传、业务培训和考核，提高职工的安全素质；

四、组织开展防火检查，消除火险隐患；

五、领导专职、义务消防队组织和专职、兼职消防人员，制定灭火应急方案，组织扑救火灾；

六、定期总结消防安全工作，实施奖惩。

第八条　国家储备库、专业仓库应当配备专职消防干部；其他仓库可以根据需要配备专职或兼职消防人员。

第九条　国家储备库、专业仓库和火灾危险性大、距公安消防队较远的其他大型仓库，应当按照有关规定建立专职消防队。

第十条　各类仓库都应当建立义务消防组织，定期进行业务培训，开展自防自救工作。

第十一条　仓库防火负责人的确定和变动，应当向当地公安消防监督机构备案；专职消防干部、人员和专职消防队长的配备与更换，应当征求当地公安消防监督机构的意见。

第十二条　仓库保管员应当熟悉储存物品的分类、性质、保管业务知识和防火安全制度，掌握消防器材的操作使用和维护保养方法，做好本岗位的防火工作。

第十三条　对仓库新职工应当进行仓储业务和消防知识的培训，经考试合格，方可上岗作业。

第十四条　仓库严格执行夜间值班、巡逻制度，带班人员应当认真检查，督促落实。

第三章　储存管理

第十五条　依据国家《建筑设计防火规范》的规定，按照仓库储存物品的火灾危险程度分为甲、乙、丙、丁、戊五类。

第十六条　露天存放物品应当分类、分堆、分组和分垛，并留出必要的防火间距。堆场的总储量以及与建筑物等之间的防火距离，必须符合建筑设计防火规范的规定。

第十七条　甲、乙类桶装液体，不宜露天存放。必须露天存放时，在炎热季节必须采取降温措施。

第十八条　库存物品应当分类、分垛储存，每垛占地面积不宜大于一百平方米，垛与垛间距不小于一米，垛与墙间距不小于零点五米，垛与梁、柱间距不小于零点三米，主要通道的宽度不小于二米。

第十九条　甲、乙类物品和一般物品以及容易相互发生化学反应或者灭火方法不同的物品，必须分间、分库储存，并在醒目处标明储存物品的名称、性质和灭火方法。

第二十条　易自燃或者遇水分解的物品，必须在温度较低、通风良好和空气干燥的场所储存，并安装专用仪器定时检测，严格控制湿度与温度。

第二十一条　物品入库前应当有专人负责检查，确定无火种等隐患后，方准入库。

第二十二条　甲、乙类物品的包装容器应当牢固、密封，发现破损、残缺，变形和物品变质、分解等情况时，应当及时进行安全处理，严防跑、冒、滴、漏。

第二十三条　使用过的油棉纱、油手套等沾油纤维物品以及可燃包装，应当存放在安全地点，定期处理。

第二十四条　库房内因物品防冻必须采暖时，应当采用水暖，其散热器、供暖管道与储存物品的距离不小于零点三米。

第二十五条　甲、乙类物品库房内不准设办公室、休息室。其他库房必需设办公室时，可以贴邻库房一角设置无孔洞的一、二级耐火等级的建筑，其门窗直通库外，具体实施，应征得当地公安消防监督机构的同意。

第二十六条　储存甲、乙、丙类物品的库房布局、储存类别不得擅自改变。如确需改变的，应当报经当地公安消防监督机构同意。

第四章　装卸管理

第二十七条　进入库区的所有机动车辆，必须安装防火罩。

第二十八条　蒸汽机车驶入库区时，应当关闭灰箱和送风器，并不得在库区清炉。仓库应当派专人负责监护。

第二十九条　汽车、拖拉机不准进入甲、乙、丙类物品库房。

第三十条　进入甲、乙类物品库房的电瓶车、铲车必须是防爆型的；进入丙类物品库房的电瓶车、铲车，必须装有防止火花溅出的安全装置。

第三十一条　各种机动车辆装卸物品后，不准在库区、库房、货场内停放和修理。

第三十二条　库区内不得搭建临时建筑和构筑物。因装卸作业确需搭建时，必须经单位防火负责人批准，装卸作业结束后立即拆除。

第三十三条　装卸甲、乙类物品时，操作人员不得穿戴易产生静电的工作服、帽和使用易产生火花的工具，严防震动、撞击、重压、摩擦和倒置。对易产生静电的装卸设备要采取消除静电的措施。

第三十四条　库房内固定的吊装设备需要维修时，应当采取防火安全措施，经防火负责人批准后，方可进行。

第三十五条　装卸作业结束后，应当对库区、库房进行检查，确认安全后，方可离人。

第五章　电器管理

第三十六条　仓库的电气装置必须符合国家现行的有关电气设计和施工安装验收标准规范的规定。

第三十七条　甲、乙类物品库房和丙类液体库房的电气装置，必须符合国家现行的有关爆炸危险场所的电气安全规定。

第三十八条　储存丙类固体物品的库房，不准使用碘钨灯和超过六十瓦以上的白炽灯等高温照明灯具。当使用日光灯等低温照明灯具和其他防燃型照明灯具时，应当对镇流器采取隔热、散热等防火保护措施，确保安全。

第三十九条　库房内不准设置移动式照明灯具。照明灯具下方不准堆放物品，其垂直下方与储存物品水平间距离不得小于零点五米。

第四十条　库房内敷设的配电线路，需穿金属管或用非燃硬塑料管保护。

第四十一条　库区的每个库房应当在库房外单独安装开关箱，保管人员离库时，必须拉闸断电。禁止使用不合规格的保险装置。

第四十二条　库房内不准使用电炉、电烙铁、电熨斗等电热器具和电视机、电冰箱等家用电器。

第四十三条　仓库电器设备的周围和架空线路的下方严禁堆放物品。对提升、码垛等机械设备易产生火花的部位，要设置防护罩。

第四十四条　仓库必须按照国家有关防雷设计安装规范的规定，设置防雷装置，并定期检测，保证有效。

第四十五条　仓库的电器设备，必须由持合格证的电工进行安装、检查和维修保养。电工应当严格遵守各项电器操作规程。

第六章　火源管理

第四十六条　仓库应当设置醒目的防火标志。进入甲、乙类物品库区的人员，必须登记，并交出携带的火种。

第四十七条　库房内严禁使用明火。库房外动用明火作业时，必须办理动火证，经仓库或单位防火负责人批准，并采取严格的安全措施。动火证应当注明动火地点、时间、动火人、现场监护人、批准人和防火措施等内容。

第四十八条　库房内不准使用火炉取暖。在库区使用时，应当经防火负责人批准。

第四十九条　防火负责人在审批火炉的使用地点时，必须根据储存物品的分类，按照有关防火间距的规定审批，并制定防火安全管理制度，落实到人。

第五十条　库区以及周围五十米内，严禁燃放烟花爆竹。

第七章　消防设施和器材管理

第五十一条　仓库内应当按照国家有关消防技术规范，设置、配备消防设施和器材。

第五十二条　消防器材应当设置在明显和便于取用的地点，周围不准堆放物品和杂物。

第五十三条　仓库的消防设施、器材，应当由专人管理，负责检查、维修、保养、更换和添置，保证完好有效，严禁圈占、埋压和挪用。

第五十四条　甲、乙、丙类物品国家储备库、专业性仓库以及其他大型物资仓库，应当按照国家有关技术规范的规定安装相应的报警装置，附近有公安消防队的宜设置与其直通的报警电话。

第五十五条　对消防水池、消火栓、灭火器等消防设施、器材，应当经常进行检查，保持完整好用。地处寒区的仓库，寒冷季节要采取防冻措施。

第五十六条　库区的消防车道和仓库的安全出口、疏散楼梯等消防通道，严禁堆放物品。

第八章　奖惩

第五十七条　仓库消防工作成绩显著的单位和个人，由公安机关、上级主管部门或者本单位给予表彰、奖励。

第五十八条　对违反本规则的单位和人员，国家法现有规定的，应当按照国家法规予以处罚；国家法规没有规定的，可以按照地方有关法规、规章进行处罚；触犯刑律的，由司法机关追究刑事责任。

第九章　附则

第五十九条　储存丁、戊类物品的库房或露天堆栈、货场，执行本规则时，在确保安全并征得当地公安消防监督机构同意的情况下，可以适当放宽。

第六十条　铁路车站、交通港口码头等昼夜作业的中转性仓库，可以按照本规则的原则要求，由铁路、交通等部门自行制定管理办法。

第六十一条　各省、自治区、直辖市和国务院有关部、委根据本规则制订的具体管理办法，应当送公安部备案。

第六十二条　本规则自发布之日起施行。

【考核与评价】

考核与评价表

被考评小组（个人）			被考核小组成员名单			
考核内容						
考核标准	考核要点	分值（分）	自我评价（40%）	他人（他组）评价（平均）（30%）	教师评价（30%）	合计（100%）	备注
	操作能力	30					
	团队合作精神	25					
	语言表达	20					
	参与讨论的积极性	15					
	内容	10					
合计		100					

【练习与自测】

一、单项选择题

1. 火灾发生的常见原因不包括（　　）。

A. 电气　　B. 吸烟

C. 设备故障　　D. 充电

2. 煤气、天然气、甲烷、氢气、乙炔等属于（　　）燃烧对象。

A. A类　　B. B类

C. C类　　D. D类

3. A类火灾应适用（　　）灭火器。

A. 水型、泡沫、干粉、卤代烷型

B. 泡沫、干粉、二氧化碳、卤代烷型、二氧化碳

C. 泡沫、卤代烷、二氧化碳、干粉

D. 金属灭火器、干砂、石粉

二、多项选择题

1. 常用灭火方法包括（　　）。

A. 隔离灭火法　　B. 冷却灭火法

C. 窒息灭火法　　D. 抑制灭火法

2. 燃烧的条件有（　　）。

A. 可燃物　　B. 助燃物

C. 引火源　　D. 燃烧物

项目三　流通加工

学习情境十二　认知流通加工

【学习目标】

一、专业能力目标

1. 知识目标

(1) 能够说出流通加工的概念、特点及作用；
(2) 能够分辨流通加工的类型；
(3) 能够区分流通加工与生产加工；
(4) 能够说出流通加工的生产管理和质量管理。

2. 能力目标

(1) 能恰当选择和使用相应的工具；
(2) 能够分析流通加工不合理的形式并提出合理化解决措施。

二、非专业能力目标

1. 方法能力目标

(1) 通过关键词法、卡片法，训练学生阅读理解、总结归纳能力；
(2) 通过海报法、小组讨论法训练学生分析问题、宣传展示能力；
(3) 通过搭档学习法、小组拓展训练学生倾听、理解他人能力。

2. 社会能力目标

(1) 能够认真倾听并领会客户意图，满足客户需求；
(2) 能够进行良好沟通、协调、组织。

【工作情境】

成都市××物流有限公司接收到宣纸一批，规格 200 mm×200 mm。按照客户要求，需要按照 80 mm×80 mm、120 mm×120 mm、160 mm×160 mm 三种规格进行裁剪打包存放。仓库主管接到这项任务后，立即组织仓管员实施作业。

【工作任务】

（1）学生观看教师展出的视频或图片，并回答以下问题：画面中的人在做什么？在哪儿做？为什么而做？

个人工作/工作时间：10 min

（2）小组合作完成工作情景中的任务（任务中的纸张规格根据实际准备材料调整），并思考该任务是物流工作中的哪个环节。

小组工作/工作时间：30 min

（3）阅读材料中的内容，勾画出流通加工相关概念的关键词。

个人工作/工作时间：20 min

（4）以小组为单位，运用卡片法归纳出流通加工的合理化途径。

小组工作/工作时间：30 min

【工作指导与实施】

流通加工是为了提高物流速度和物品的利用率，在物品进入流通领域后，按照客户要求进行的加工活动，即在物品从生产者向消费者流动的过程中，为了促进销售、维护商品质量和提高物流效率，对物品进行一定程度的加工。流通加工通过改变或完善流通对象的形态来实现“桥梁和纽带”的作用，因此流通加工是流通中的一种特殊形式。随着经济增长，国民收入增多，消费者的需求出现多样化，促使在流通领域开展流通加工。目前，在世界许多国家和地区的物流中心或仓库经营中都大量存在流通加工业务，在日本、美国等物流发达国家则更为普遍。

一、流通加工的概念

《中华人民共和国国家标准物流术语》（GB/T 18354—2006）把流通加工定义为：物品在从生产地到使用地的过程中，根据需要施加包装、分割、计量、分拣、刷标志、拴标签、组装等简单作业的总称。流通加工是流通中的一种特殊形式，是在物品从生产领域向消费领域流动的过程中，为了促进销售、维护产品质量和提高物流效率，对物品进行的加工，使物品发生物理、化学或形状的变化，如图 12-1 所示。

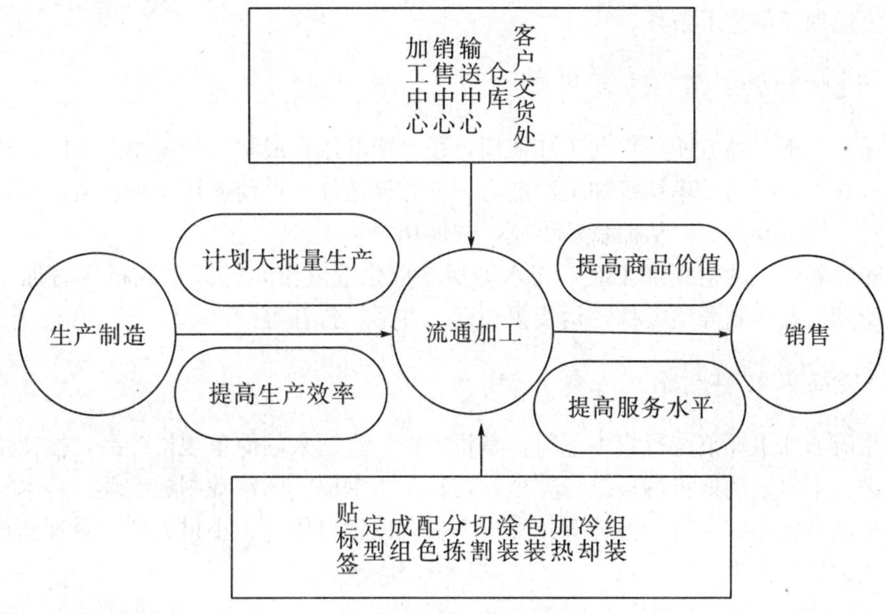

图 12-1　流通加工示意图

二、流通加工的特点

与生产加工相比较，流通加工具有以下特点：

(1) 从加工程度看，流通加工大多是简单加工，而不是复杂加工。

(2) 从加工对象看，流通加工的对象是进入流通过程的商品，具有商品的属性，以此来区别多环节生产加工中的一环。

(3) 从价值观点看，生产加工的目的在于创造价值及使用价值，而流通加工的目的则在于完善其使用价值，并在不做大的改变的情况下提高价值。

(4) 从加工责任人看，流通加工的组织者是从事流通工作的人员，能密切结合流通的需要进行加工活动。

(5) 从加工单位来看，流通加工由商业或物资流通企业完成，而生产加工则由生产企业完成。

三、流通加工在物流中的作用

1. 弥补生产加工的不足，提高加工效率

现代生产发展的一个趋势，就是生产规模大型化、专业化，依靠单品种、大批量的生产方法，降低生产成本，获取经济的高效益。由于社会生产的高度社会化、专业化，生产环节的各种加工活动往往不能完全满足消费者的要求。

生产资料产品的品种成千上万，型号极其复杂，要完全做到产品统一标准化亦是一个极为困难的问题。要弥补生产环节加工活动的不足，流通加工是一种理想的方式。作为流通部门往往对生产领域的物资供应情况和消费领域的物资需求情况最为了解，这为

其从事流通加工创造了条件。

2. 进行初级加工，方便用户

流通加工不但可方便用户购买和使用，还可降低用户成本。用量小或临时需要的使用单位，缺乏进行高效率初级加工的能力，依靠流通加工可使使用单位省去进行初级加工的投资、设备及人力，从而盘活供应，方便用户。

目前发展较快的初级加工有：将水泥加工成生混凝土，将原木或板方材加工成门窗，冷拉钢筋及冲制异型零件，钢板预处理、整形、打孔等。

3. 提高原材料利用率

利用流通加工环节进行集中下料，是将生产厂直运来的简单规格产品，按使用部门的要求进行下料。例如将钢板进行剪板、切裁，将钢筋或圆钢裁制成毛坯，将木材加工成各种长度及大小的板材、方材等。集中下料可以优材优用、小材大用、合理套裁，有很好的技术经济效果。

4. 提高加工效率及设备利用率

建立集中加工点，可以采用效率高、技术先进、加工量大的专门机具和设备。这样做的好处：一是可提高加工质量，二是可提高设备利用率，三是可提高加工效率。其结果可是降低加工费用及原材料成本。例如，一般的使用部门在对钢板下料时，采用气割的方法留出较大的加工余量，不但出材率低，而且由于热加工容易改变钢的组织，加工质量也不好。集中加工后可设置高效率的剪切设备，在一定程度上避免了上述缺陷。

5. 充分发挥各种输送手段的最高效率

流通加工环节将实物的流通分成两个阶段。一般说来，由于流通加工环节设置在消费地，因此，从生产厂到流通加工的第一阶段输送距离长，而从流通加工到消费环节的第二阶段输送距离短。第一阶段是在数量有限的生产厂与流通加工点之间进行定点、直达、大批量的远距离输送，可以采用船舶、火车等大量输送的手段；第二阶段则是利用汽车和其他小型车辆来输送经过流通加工后的多规格、小批量的产品。这样可以充分发挥各种输送手段的最高效率，加快输送速度，节省运力运费。

6. 提高物流的附加值

流通加工的直接经济效益：流通加工是集中加工，其加工效率远比分散的加工要高得多。流通加工的间接经济效益：流通加工能为许多生产者缩短生产时间，使他们可以腾出更多时间来进行创造性的生产。流通加工部门可以用一定数量的加工设备为更多的生产或消费部门服务，这样可以相对地减少全社会的加工费用。流通加工能对生产的分工和专业化起中介作用，可以使生产部门按更大的规模进行生产，有助于生产部门劳动生产率的提高。

在流通过程中进行一些改变产品某些功能的简单加工，其目的除上述几点外还在于提高产品销售的经济效益。在物流领域中，流通加工可以成为高附加价值的活动。这种高附加价值的形成，主要着眼于满足用户的需要，提高服务功能而取得的，是贯彻物流战略思想的表现。

7. 提高生产效益和流通效益

采用流通加工，生产企业可以进行标准化、整包装生产，这样做适应大批量生产的特点，既提高了生产效率，节省了包装费用和运输费用，同时也降低了成本。流通企业可以促进销售，增加销售收入，提高流通效益。

四、流通加工的分类

1. 为弥补生产领域加工不足的流通加工

在生产领域只能加工到圆木、板、方材这个程度，进一步的下料、切裁、处理等加工则由流通加工完成，如图 12-2 所示。

图 12-2 切裁加工

2. 为适应多样化需要的流通加工

对钢材卷板的舒展、剪切加工，平板玻璃按需要规格的开片加工等，如图 12-3 所示。

图 12-3　开片加工

3. 为保护产品所进行的流通加工

水产品、肉类、蛋类的保鲜、保质的冷冻加工、防腐加工等，如图 12-4 所示。

图 12-4　保鲜冷冻加工

4. 为方便消费、促进销售的流通加工

如对贝类挑选、除杂，使用粮食加工除杂机去除杂质；将过大包装或散装物分装成适合销售的小包装的分装加工，如图 12-5 所示。

图 12-5　分装加工

5. 为提高物流效率、降低物流损失的流通加工

有些商品本身的形态使之难以进行物流操作，而且商品在运输、装卸搬运过程中极易受损，因此需要进行适当的流通加工加以弥补，从而使物流各环节易于操作，提高物流效率，降低物流损失。如造纸用的木材磨成木屑的流通加工，如图 12-6 所示。

图 12-6　木材的流通加工

6. 为实施配送进行的流通加工

如混凝土搅拌车可以根据客户的要求，把沙子、水泥、石子、水等各种不同材料按比例要求装入可旋转的罐中。在配送路途中，汽车边行驶边搅拌，到达施工现场后，混凝土已经均匀搅拌好，如图 12-7 所示。

图 12-7 混凝土搅拌加工

五、流通加工与生产加工的区别

流通加工具有生产制造活动的一般性质，与一般的生产型加工在加工方法、加工组织、生产管理等方面并无显著区别，但是在加工对象、加工程度等方面却差别较大。

1. 加工对象的区别

流通加工的对象是进入流通过程的物品，具有商品的属性。而生产加工的对象不是最终产品，是原材料、零配件、半成品。生产加工处于生产制造环节，而流通加工则处于流通环节。

2. 加工程度的区别

流通加工程度大多是简单加工，而不是复杂加工，是对生产加工的一种辅助及补充，绝不是对生产加工的取消或代替。

3. 附加价值的区别

从价值观点看，生产加工目的在于创造价值及使用价值。流通加工则在于完善其使用价值并在不做大改变情况下提高价值。

4. 加工责任人的区别

流通加工的组织者是从事流通工作的人，能密切结合流通的需要进行这种加工活动，从加工单位来看，流通加工由商业或物资流通企业完成，而生产加工则由生产企业完成。

5. 加工目的的区别

商品生产是为交换、消费而生产的，流通加工一个重要目的是消费（或再生产），这一点与商品生产有共同之处。但是流通加工有时候以自身流通为目的，纯粹是为流通创造条件，这种为流通所进行的加工与直接为消费进行的加工从目的来讲是有区别的，是流通加工不同于一般生产的特殊之处。

根据以上分析，我们可以通过表 12−1 来更加清晰地对比二者之间的区别。

表 12−1　生产加工与流通加工的区别

加工方式	加工对象	加工程度	附加价值	加工责任人	加工目的
生成加工	形成产品的原材料、零配件、半成品	复杂的形成产品主体的加工	创造价值和使用价值	生产企业	交换、消费
流通加工	进入流通领域的商品	简单的、辅助性的补充加工	完善其使用价值并提高附加价值	流通企业	促进销售、维护产品质量、实现物流的高效率

六、流通加工的合理化

在库物品流通加工合理化是指实现在库物品流通加工的最优配置，即要考虑场地、设施设备条件、物品的加工技术要求、客户需求、能否节约资源、能否提高产品附加值，并做出最满意的选择。为了实现流通加工的合理化，减少和避免各种不合理现象，要确定选择什么类型的加工，采用什么样的技术和装备，做哪几个环节等，可按照合同加工企业的需求采用不同的策略进行加工，如添置新设备、购置二手设备、租赁设备、客户投入设备等。总之，需要做出正确的选择以实现在库物品流通加工的经济效益。

流通加工合理化是实现流通加工的最优配置，也就是对是否设置流通加工环节、在什么地方设置、选择什么类型的加工、采用什么样的技术装备等问题做出正确选择。这样做不仅要避免各种不合理的流通加工形式，而且还要做到最优。

1. 不合理的流通加工形式

流通加工是在流通领域对生产的辅助性加工，从某种意义上来讲它不仅是生产过程的延续，更是生产本身或生产工艺在流通领域的延续，这个延续可能有正反两面的作用，即一方面可能有效地起到补充完善的作用，另一方面也必须估计到对整个过程的负效应。各种不合理的流通加工都会产生抵消效益的负效应。

(1) 流通加工地点设置的不合理。

流通加工地点设置即布局状况是决定整个流通加工是否有效的重要因素。一般来说，为衔接单品种大批量生产与多样化需求的流通加工，加工地点设置在需求地区才能实现大批量的干线运输与多品种末端配送的物流优势。如果将流通加工地设置在生产地区，一方面，为了满足用户多样化需求，会出现多品种、小批量的产品由产地向需求地的长距离运输；另一方面，在生产地增加了一个加工环节，同时也会增加近距离运输、保管、装卸等一系列物流工作。

还有流通加工在小地域范围内的正确选址问题，如果处理不善，仍然会出现不合理。比如说交通不便，流通加工与生产企业或用户之间距离较远，加工点周围的社会环境条件不好等。

(2) 流通加工方式选择不当。

流通加工方式包括流通加工对象、流通加工工艺、流通加工技术、流通加工程度等。流通加工方式的确定实际上是与生产加工的合理分工。分工不合理，把本来应由生产加工完成的作业错误地交给流通加工来完成，或者把本来应由流通加工完成的作业错误地交给生产过程去完成，都会造成不合理。

流通加工不是对生产加工的代替，而是一种补充和完善。所以，一般来说，如果工艺复杂，技术装备要求较高，或加工可以由生产过程延续或轻易解决的，都不宜再设置流通加工。如果流通加工方式选择不当，就可能会出现与生产争利的恶果。

(3) 流通加工作用不大，形成多余环节。

有的流通加工过于简单，或者对生产和消费的作用都不大，甚至有时由于流通加工的盲目性，同样未能解决品种、规格、包装等问题，相反却增加了作业环节，这也是流通加工不合理的重要表现形式。

(4) 流通加工成本过高，效益不好。

流通加工的一个重要优势就是它有较大的投入产出比，因而能有效地起到补充、完善的作用。如果流通加工成本过高，则不能实现以较低投入实现更高使用价值的目的，势必会影响它的经济效益。

2. 实现流通加工合理化的途径

(1) 加工和配送结合。

将流通加工设置在配送点中，一方面按配送的需要进行加工；另一方面加工又是配送作业流程中分货、拣货、配货的重要一环，加工后的产品直接投入配货作业，这就无需单独设置一个加工的中间环节，而使流通加工与中转流通巧妙地结合在一起。同时，由于配送之前有必要的加工，可以使配送服务水平大大提高，这是当前对流通加工做合理选择的重要形式，在煤炭、水泥等产品的流通中已经表现出较大的优势。

(2) 加工和配套结合。

“配套”是指对使用上有联系的用品集合成套地供应给用户使用，例如方便食品的配套。当然，配套的主体来自各个生产企业，如方便食品中的方便面，就是由生产企业生产的。但是，其中的配套不能由某个生产企业全部完成，如方便食品中的配菜、汤料等。这样，在物流企业进行适当的流通加工，可以有效地促成配套，大大提高流通作为供需桥梁与纽带的能力。

（3）加工和合理运输结合。

我们知道，流通加工能有效衔接干线运输和支线运输，促进两种运输形式的合理化。利用流通加工，在支线运输转干线运输或干线运输转支线运输等这些必须停顿的环节，不进行一般的支转干或干转支，而是按干线或支线运输合理的要求进行适当加工，从而大大提高运输及运输转载水平。

（4）加工和合理商流化结合。

流通加工也能起到促进销售的作用，从而使商流合理化，这也是流通加工合理化的方向之一。加工和配送相结合，通过流通加工，可提高配送水平，促进销售，使加工与商流合理化结合。此外，通过简单地改变包装，加工形成方便的购买量；通过组装加工，解除用户使用前进行组装、调试的难处，都是有效促进商流的很好例证。

（5）加工和节约结合。

节约能源、节约设备、节约人力、减少耗费是流通加工合理化的重要考虑因素，也是目前我国设置流通加工并考虑其合理化的较普遍形式。对于流通加工合理化的最终判断，是看其是否能实现社会和企业本身的两个效益，而且是否取得了最优效益。流通企业更应该树立社会效益第一的观念，以实现产品生产的最终利益为原则，只有在生产流通过程中以不断补充、完善为己任的前提下才有生存的价值。如果只是追求企业的局部效益，不适当地进行加工，甚至与生产企业争利，这就有违于流通加工的初衷，或者其本身已不属于流通加工的范畴。

七、流通加工的生产管理与质量管理

1. 流通加工的生产管理

流通加工的生产管理是指对流通加工生产全过程的计划、组织、协调与控制，包括生产计划的制订，生产任务的下达，人力、物力的组织与协调，生产进度的控制等。流通加工生产管理内容及项目很多，如劳动力、设备、动力、财务、物资等方面的管理。对于套裁型流通加工，其最具特殊性的生产管理是出材率的管理。这种流通加工形式的优势就在于物资的利用率高，出材率高，从而获取效益。对于集中下料类型的流通加工，应重视对原材料有效利用的管理，不断提高材料的利用率。

2. 流通加工的质量管理

流通加工的质量管理，应是全员参加的、对流通加工全过程和全方位的质量管理，包括对加工产品质量和服务质量的管理。加工后的产品的外观质量和内在质量都应符合有关标准。流通加工除应满足用户对加工质量的要求以外，还应满足用户对品种、规格、数量、包装、交货期、运输等方面的服务要求。对产品的流通加工绝不能违背用户的意愿，加工单位自作主张，脱离用户的生产实际，这样对用户不仅无益反而有害。流通加工的服务质量，只能根据用户的满意程度进行评价。

【考核与评价】

考核与评价表

被考评小组（个人）			被考核小组成员名单				
考核内容							
考核标准	考核要点	分值（分）	自我评价（40%）	他人（他组）评价（平均）（30%）	教师评价（30%）	合计（100%）	备注
	操作能力	30					
	团队合作精神	25					
	语言表达	20					
	参与讨论的积极性	15					
	内容	10					
合计		100					

【练习与自测】

一、单项选择题

1. 物品在从生产地到使用地的过程中，根据需要施加包装、分割、计量、分拣、刷标志、拴标签、组装等简单作业的总称叫作________。

A. 流通加工　　B. 配送

C. 仓储　　D. 运输

2. 在销售过程中进行的流通加工属于________。

A. 生产型加工　　B. 促销型加工

C. 物流型加工　　D. 以上都不是

3. 流通加工的对象是________，而生产加工的对象是原材料、零配件或半成品。

A. 物品　　B. 商品

C. 成品　　D. 半成品

4. 将水泥加工成生混凝土，将原木或板、方材加工成门窗，将钢板预处理、整形等作业称为________。

A. 运输　　B. 流通加工

C. 仓储　　D. 配送

5. 水产品、肉类、蛋类的保鲜、保质的冷冻加工、防腐加工等属于________。

A. 为提高物流效率、降低物流损失的流通加工

B. 为提高加工效率的流通加工

C. 为保护产品所进行的流通加工

D. 为弥补生产领域加工不足的流通加工

二、案例分析

阿迪达斯公司在美国有一家超级市场，设立了组合鞋店，摆放的不是做好的鞋子，而是做鞋用的半成品，款式花样繁多，有 6 种鞋跟，8 种鞋底，均为熟料制造。鞋面的颜色以黑白为主，搭配的颜色有 80 多种，款式更有上百种。顾客进店可以根据自己的喜好任意挑选各种颜色、各种款式的部件进行自由搭配，店员则进行现场组合，一双独一无二的鞋便应运而生。

这家店昼夜营业，营业员技术娴熟，鞋子的售价基本高于市场价，但是顾客仍然络绎不绝，使得该店的销售额比邻近的鞋店高出十倍之多。

思考：你从这个案例中受到什么启发？

学习情境十三　流通加工设备初体验

【学习目标】

一、专业能力目标

1. 知识目标

(1) 能够列举六种典型的流通加工作业；
(2) 能够说出流通加工设备的概念及分类；
(3) 能够描述流通加工设备的作用；
(4) 能够认识流通加工设备。

2. 能力目标

(1) 能够根据加工任务选择正确的设备；
(2) 能够使用常见的流通加工设备；
(3) 能够区分流通加工设备的类型。

二、非专业能力目标

1. 方法能力目标

(1) 通过关键词法、餐垫法，训练学生阅读理解、总结归纳能力；
(2) 通过搭档学习法、小组拓展训练学生倾听、理解他人的能力。

2. 社会能力目标

(1) 能够认真倾听，领会客户意图，满足客户需求；

（2）能够进行良好沟通、协调、组织。

【工作情境】

成都市××物流有限公司作为一家大型综合性物流企业，在货物的运输、储存、流通加工等业务上都有涉足。实习生王源今天轮岗到流通加工部实习，按照惯例，到该部门的第一天，部长林涛会带领他熟悉流通加工相关设施设备以及工作内容。

【工作任务】

（1）阅读“工作指导与实施”中的内容，了解六种典型的流通加工作业，并思考这些流通加工作业的优缺点。

个人工作/工作时间：20 min

（2）阅读“工作指导与实施”中的内容，再进行小组讨论，运用餐垫法列出工作任务（1）中典型流通加工作业需要用到的设备。

小组工作/工作时间：60 min

【工作指导与实施】

一、六种典型的流通加工作业

1. 钢材的流通加工

各种钢材（钢板、型钢、线材等）的长度、规格有时不完全适用于客户，如热轧厚钢板等板材最大交货长度可达 7～12 米，有的是成卷交货，对于使用钢板的用户来说，如果采用单独剪板、单独下料方式，设备闲置时间长，人员浪费大，不容易采用先进方法，那么采用集中剪板、集中下料方式，可以避免单独剪板、单独下料的一些弊病，提高材料利用率。

剪板加工是在固定地点设置剪板机进行下料加工或设置切割设备将大规格钢板裁小，或切裁成毛坯，降低销售起点，便利用户。

钢板剪板及下料的流通加工，可以选择加工方式，加工后钢材的晶体组织很少发生变化，可保证原来的交货状态，有利于进行高质量加工；加工精度高，可以减少废料、边角料，减少再进行机加工的切削量，既可提高再加工效率，又有利于减少消耗；由于集中加工可保证批量及生产的连续性，可以专门研究此项技术并采用先进设备，从而大幅度提高效率和降低成本，使用户能简化生产环节，提高生产水平（图 13-1）。

图 13-1 钢材的流通加工

2. 木材的流通加工

(1) 磨制木屑、压缩输送。

这是一种为了实现流通的加工。木材是容重轻的物资，在运输时占有相当大的容积，往往使车船满装但不能满载，同时，装车、捆扎也比较困难。从林区外送的原木中有相当一部分是造纸材，木屑可以制成便于运输的形状，以供进一步加工，这样可以提高原木利用率、出材率，也可以提高运输效率，具有一定经济效益。

(2) 集中开木下料。

在流通加工点将原木锯截成各种规格锯材，同时将碎木、碎屑集中加工成各种规格板，甚至还可进行打眼、凿孔等初级加工（图 13-2）。

图 13-2 木材的流通加工

3. 煤炭的流通加工

（1）除矸加工。

这是以提高煤炭纯度为目的的加工形式。除矸加工可提高煤炭运输效益和经济效益，减少运输能力浪费。

（2）煤浆加工。

用运输工具载运煤炭，运输中损失浪费比较大，又容易发生火灾。采用管道运输则可以运输煤浆，减少煤炭消耗，提高煤炭利用率。在流通的起始环节将煤炭磨成细粉，本身便有了一定的流动性，再用水调和成浆状，则具备了流动性，可以像其他液体一样进行管道输送。将煤炭制成煤浆，采用管道输送不与现有运输系统争夺运力，输送连续、稳定、快速，是一种经济的运输方式。

（3）配煤加工。

在使用地区设置集中加工点，将各种煤及一些其他发热物质，按不同配方进行掺配加工，生产出各种不同发热量的燃料，称为配煤加工。配煤加工可以按需要发热量生产和供应燃料，防止热能浪费和“大材小用”，也防止发热量过小，不能满足使用要求。工业用煤经过配煤加工还可以起到便于计量控制、稳定生产过程的作用，具有很好的经济和技术价值（图 13－3）。

图 13－3　煤炭的流通加工

4. 水泥的流通加工

（1）水泥熟料的流通加工。

在需要长途运入水泥的地区，变运入成品水泥为运进熟料这种半成品，即在该地区流通加工（磨细工厂）磨细，并根据当地资源和需要的情况掺入混合材料及外加剂，制成不同品种及标号的水泥，供应给当地用户，这是水泥流通加工的一种重要形式。

在需要经过长距离输送供应的情况下，以熟料形态代替传统的粉状水泥有很多优点：

①可以大大降低运费、节省运力。

②可按照当地的实际需要大量掺加混合材料。

③容易以较低的成本实现大批量、高效率的输送。

④可以大大降低水泥的输送损失。

⑤能更好地衔接产需，方便用户。

（2）集中搅拌混凝土。

改变以粉状水泥供给用户，由用户在建筑工地现场拌制混凝土的习惯方法，而将粉状水泥输送到使用地区的流通加工点，搅拌成混凝土后再供给用户使用，这是水泥流通加工的另一种重要加工方法（图 13-4）。这种流通加工方式，优于直接供应或购买水泥在工地现场搅拌制作混凝土的技术经济效果。

图 13-4　水泥的流通加工

该水泥流通加工方法有如下优点：

①将水泥的使用从小规模的分散形态改变为大规模的集中加工形态，因此可以利用现代化的科技手段，组织现代化大生产。

②集中搅拌可以采取准确的计量手段，选择最佳的工艺，提高混凝土的质量和生产效率，节约水泥。

③可以广泛采用现代科学技术和设备，提高混凝土质量和生产效率。

④可以集中搅拌设备，有利于提高搅拌设备的利用率，减少环境污染。

⑤在相同的生产条件下，能大幅度降低设备、设施、电力、人力等费用。

⑥可以减少加工点，形成固定的供应渠道，实现大批量运输，使水泥的物流更加合理。

⑦有利于新技术的采用，简化工地的材料管理，节约施工用地等。

5. 食品的流通加工

食品的流通加工（图 13-5）的类型种类很多。只要我们留意超市里的货柜就可以看出，那里摆放的各类洗净的蔬菜、水果、肉末、鸡翅、香肠、咸菜等都是流通加工的结果。这些商品的分类、清洗、贴商标和条形码、包装、装袋等是在商品摆进货柜之前就已进行了加工作业，这些流通加工都不是在产地，已经脱离了生产领域，进入了流通领域。食品流通加工的具体项目主要有以下几种：

（1）冷冻加工；

（2）分选加工；

（3）精制加工；

（4）分装加工。

图 13-5　食品的流通加工

6. 机电产品的流通加工

多年以来，机电产品的储运困难较大，主要原因是不易进行包装，如进行防护包装，包装成本过大，并且运输装载困难，装载效率低，流通损失严重。但是这些货物有一个共同的特点，即装配比较简单，装配技术要求不高，主要功能已在生产中形成，装配后不需要进行复杂的检测及调试。所以，为了解决储运问题，降低储运费用，可以采用半成品大容量包装出厂，在消费地拆箱组装的方式。组装一般由流通部门在所设置的流通加工点进行，组装之后随即进行销售，这种流通加工方式近年来已在我国广泛采用（图 13-6）。

图 13-6　机电产品的流通加工

二、流通加工设备

1. 流通加工设备的概述

流通加工设备是指在流通加工活动中所使用的各种机械设备和工具。流通加工设备的加工对象是进入流通过程的商品，它是通过改变或完善流通对象的原有形态来实现生产与消费的“桥梁和纽带”作用。

2. 流通加工设备的作用

(1) 可以提高原材料利用率；
(2) 可以进行初级加工，方便用户；
(3) 提高加工效率及设备利用率；
(4) 充分发挥各种输送手段的最高效率；
(5) 改变功能，提高收益。

3. 流通加工设备的分类

(1) 按加工商品类型分类。

①食品的流通加工设备。流通加工最多的是食品行业，设备包括果蔬加工设备、酒及饮料加工机械、豆乳制品加工设备、啤酒与饮料灌装成套设备、方便食品生产包装成套设备、真空包装机等。

②生产资料的流通加工设备。具有代表性的生产资料加工是钢铁的加工，设备有激光切割机、打孔机、切口冲压专用压力机、弯曲校直压力机、薄板矫平机、厚板磨边机、切边机、厚板切坡口机等。

③消费资料的流通加工设备。这类设备一般是以服务客户、促进销售为目的。设备有门窗加工设备、组装设备、门窗焊机、辅助设备及检测设备、拼板机、覆膜机、包覆机及各种木工机械等。

(2) 按流通加工形式分类。

①剪切加工设备。剪切加工设备是进行下料加工或将大规格的钢板裁小或裁成毛坯的设备。例如，用剪板机进行下料加工，用切割设备将大规格的钢板裁小或裁成毛坯等。

②集中开木下料设备。集中开木下料设备是在流通加工中将原木锯截成各种锯材，同时将碎木、碎屑集中起来加工成各种规格的板材，还可以进行打眼、凿孔等初级加工的设备。

③配煤加工设备。配煤加工设备是将各种煤及一些其他发热物质，按不同的配方进行掺配加工，生产出各种不同发热量燃料的设备。煤炭流通加工设备主要有除矸加工、煤浆加工、配煤加工等设备。

④冷冻加工设备。冷冻加工设备是为了解决鲜肉、鲜鱼或药品等在流通过程中保鲜及搬运装卸问题，采用的低温冷冻的加工设备。常用冷链设备有冷库（图 13−7）、冷藏车（图 13−8）及一些保冷容器（如冷藏箱、保冷背包）等。

图 13−7　冷库

图 13−8　冷藏车

⑤分选加工设备。分选加工设备是根据农副产品的规格、质量离散较大的情况，为了获得一定规格的产品而采取的分选加工设备。

⑥精制加工设备。精制加工设备主要是用于农、牧、副、渔等产品的切分、洗净、分装等简单加工的设备。

⑦分装加工设备。分装加工设备是为了便于销售，在销售地按照所要求的销售起点进行新包装、大包装改小包装、散装改小包装、运输包装改销售包装等加工的设备。

⑧组装加工设备。组装加工设备是采用半成品包装出厂，在消费地由流通部门所设置的流通加工点进行拆箱组装的加工设备。

4. 包装机械设备

(1) 包装机械设备的概述及分类。

包装机械设备是指完成全部或部分包装过程的一类机器。根据包装机械的功能，可以分为充填、罐装、封口、裹包、捆扎、贴标等多种机械。

(2) 常见的包装机械设备。

①充填机械。充填机械是将精确数量的产品填充到各种包装容器中的机械，适用于包装粉末、颗粒状的固态物品。其主要种类有容积式充填机、称重式充填机和计数式充

填机（图 13-9 至图 13-11）。其工作原理及特点如表 13-1 所示。

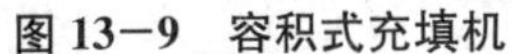

图 13-9　容积式充填机

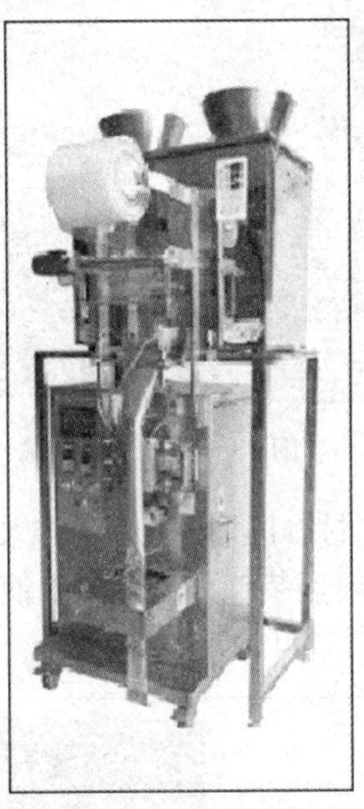

图 13-10　称重式充填机

图 13-11　计数式充填机

表 13-1　充填机械的工作原理及特点

类别	工作原理	特点
容积式充填机	将产品按预定容量充填到包装容器内	结构简单，体积较小，计量速度高，计量精度低
称重式充填机	将产品按预定质量充填到包装容器内	结构复杂，体积较大，计量速度低，计量精度高
计数式充填机	将产品按预定数量充填到包装容器内	结构较复杂，计量速度较快

②灌装机械（图 13-12）。罐装机械的主要作用是将定量的液体物料充填入包装容器中，主要用于在食品领域中对啤酒、饮料、乳品、酒类、植物油和调味品的包装，还包括洗涤剂、矿物油和农药等化工类液体产品的包装。常见的灌装机有膏状灌装机、液体灌装机、颗粒灌装机。自动灌装机有外形美观、灌装精度高、调节方便、易操作等特点。

图 13－12　灌装机械

③封口机械（图 13－13）。封口机是将充填有包装物的容器进行封口的机械。封口机械的作用主要是在包装容器内盛装产品后，为了使产品得以密封保存，保持产品质量，避免产品流失，对容器进行封口。

图 13－13　封口机械

封口机械其主要有以下几类：

A. 有封口材料封口机，包括旋合式、滚纹式、卷边式、压合式等封口机。

B. 有辅助封口材料封口机，包括胶带式、黏结式、钉合式、结扎式、缝合式等封口机。

C. 无封口材料封口机，包括热压式、冷压式、熔焊式、插合式、折叠式等封口机。

④裹包机械（图 13－14）。裹包机是用柔性的包装材料，全部或部分地将包装物裹包起来的包装机，按包装成品的形态可分为全裹包机和半裹包机。

裹包机械主要用于对块状物品进行包装，既可包装单体物品，如糖果、雪糕、单块饼干、面包、方便面、香皂等，或排列组合后的集合裹包，如装入浅盘中的各种散装物品，如口香糖、成组化妆品等；同时还可对已包物品进行装饰性裹包，如各种已装盒的化妆品、药品、茶叶等透明纸包装。

裹包机械的主要种类有折叠式裹包机、接缝式裹包机、覆盖式聚包机、缠绕式裹包机、拉伸式裹包机、贴体裹包机、收缩包装机。

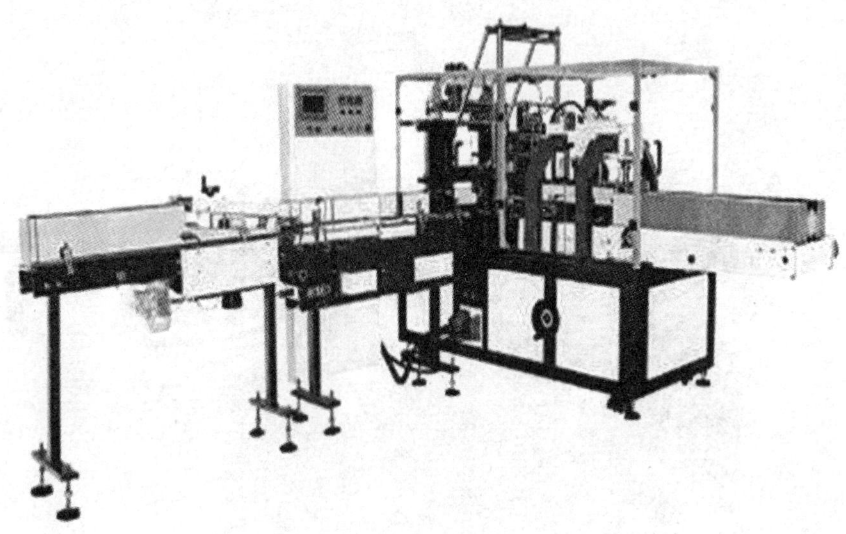

图 13－14　裹包机械

⑤捆扎机械（图 13－15）。捆扎机械俗称打包机械。捆扎机械是利用带状或绳状捆扎材料将一个或多个包件紧扎在一起的机器，属于外包装设备。捆扎机械的功用是使塑料带能紧贴于被捆扎包件表面，保证包件在运输、储存中不因捆扎不牢而散落，同时还应捆扎整齐美观。

图 13－15　捆扎机械

⑥贴标机械（图 13－16）。贴标机械是以黏合剂把纸或金属箔标签粘贴在规定的包装容器上的设备。贴标机械主要有不干胶贴标机、套标机、圆瓶贴标机、啤酒贴标机、半自动贴标机、全自动贴标机、热熔胶贴标机。

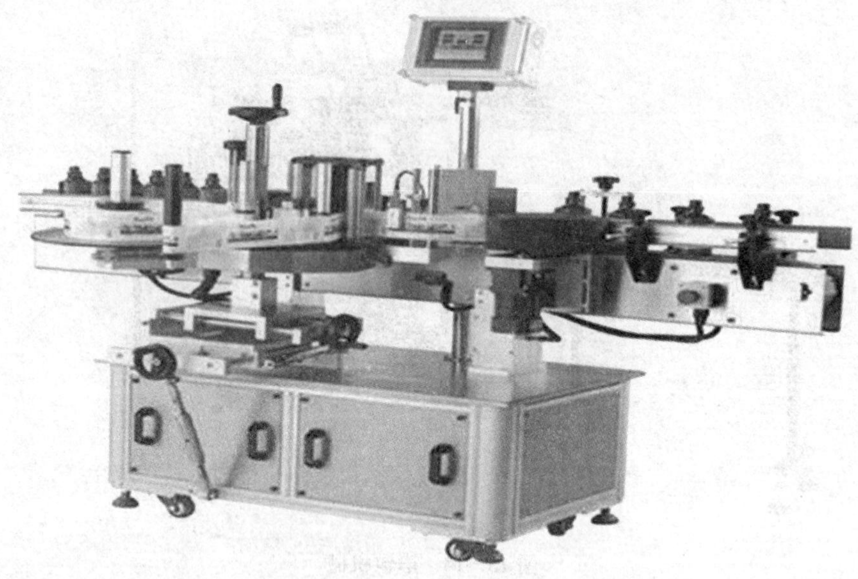
图 13－16　贴标机械

5. 常见的典型流通加工设备

流通加工机械的种类很多，除了上面所讲的包装机械外，根据流通加工的对象不同，可分为金属加工机械设备、木材加工机械设备 、水泥流通加工机械设备、煤炭流通加工设备、食品流通加工设备。

（1）金属加工机械设备。

金属加工设备是在固定地点设置剪板机进行下料加工或设置切割设备将大规格金属材料裁小，或切裁成毛坯，包括型钢的熔断、厚钢板的切割、线材切断等集中下料，线材冷拉加工等，提高材料利用率。

金属加工机械设备分为成型设备和切割加工设备等。

①成型设备：锻压机械、液压机、冲压设备、剪折弯设备等。

②切割加工设备：车、铣、磨、钻、雕刻、剪板机等。

剪板机（图 13－1）是在各种板材的流通加工中应用比较广泛的一种剪切设备，可用于板料或卷料的剪裁，在轧钢、汽车、飞机、船舶、拖拉机、桥梁、电器、仪表、锅炉、压力容器等各个工业部门中有广泛应用。

常见剪板机有圆盘剪板机、多功能剪板机、摆式剪扳机、振动剪板机、机械剪板机。

剪板机的作用：

A. 可以选择加工方式，较之气焊切割，其加工后钢材的金相组织变化较少，可保证钢材的原状态，有利于进行高质量加工。

B. 加工精度高，可减少废料、边角料，也可减少再加工的切削量，既可提高再加工效率，又有利于减少消耗。

C. 由于集中加工可保证批量及生产的连续性，可以专门研究此项技术并采用先进设备，大幅度提高效率和降低成本。

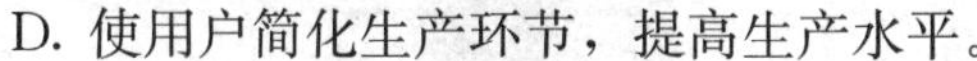
D. 使用户简化生产环节，提高生产水平。

图 13－17　剪板机

（2）木材加工机械设备。

木材的流通加工设备是对木材进行磨制、压缩、锯裁等加工的设备。木材加工机械设备主要有磨制、压缩木屑机械和集中开木下料机械。

磨制、压缩木屑机械的优点是在林木产地就地将原木磨成木屑，压缩为容重较大、容易装运的形状，运至靠近消费地的造纸厂，比直接运送原木节约 50％运费。集中开木下料机械的优点是实行集中下料、按用户要求供应规格料，可以使原木利用率提高到 95％，出材率提高到 72％左右，有相当好的经济效益。

①带锯机（图 13－18）。用于各种原木的纵剖割，适用于木器、建筑、木材加工厂及模型车间部门使用。带锯机锯条较薄，可减少锯路损失，增加成材出材率；易于实现看材下锯，能够最充分地锯割出等级较高的成材，有利于成材质量和等级的提高。

图 13－18　带锯机

②圆锯机（图 13－19）。圆锯机可分为纵剖圆锯机、横截面圆锯机和万能圆锯机。纵剖圆锯机主要用于木材的纵向锯解，横截面圆锯机主要用于工件的横向截断。圆锯机具有高精度、高产量的特点，适合锯切直径在 102 mm 以下的短管。

图 13－19　圆锯机

（3）水泥流通加工机械设备。

混凝土搅拌机械是水泥流通加工机械设备中最常用的设备之一。它是制备混凝土，将水泥、骨料、砂和水均匀搅拌的专用机械。混凝土搅拌机械主要包括混凝土搅拌站（楼）（图 13-20）、混凝土搅拌机（图 13-21）、混凝土输送车、混凝土输送泵车、混凝土泵车等。

图 13-20 混凝土搅拌站

图 13-21 混凝土搅拌机

（4）煤炭流通加工设备。

煤炭加工机械是对煤炭进行加工的机械，主要包括除矸加工机械、管道输送煤浆加工机械、配煤加工机械等。

①除矸加工机械（图 13-22）。除矸加工是以提高煤炭纯度为目的的加工形式。有时不允许煤炭中混入矸石，在运力十分紧张的地区要求充分利用运力、降低成本，多运“纯物质”，少运矸石，在这种情况下，可以采用除矸的流通加工方法排除矸石。除矸加工可提高煤炭运输效益和经济效益，减少运输能力浪费 。

图 13-22 除矸加工机械

②配煤加工机械（图 13-23）。在使用地区设置集中加工点，可将各种煤及一些其

他发热物质，按不同配方进行掺配加工，生产出各种不同发热量的燃料。配煤加工可以按需要发热量生产和供应燃料，防止热能浪费和“大材小用”，也防止发热量过小，不能满足使用要求。

图 13－23　配煤加工机械

③蜂窝煤机（图 13－24）。蜂窝煤机是我国城镇蜂窝煤生产厂的主要生产设备，适用于在水泥、化工、电力、冶金、建材、耐火材料等工业部门破碎中等硬度的物料，如石灰石、炉渣、焦炭、煤等物料的中碎、细碎作业。

图 13－24　蜂窝煤机

（5）食品流通加工设备。

食品流通加工设备主要有冷冻加工设备、分选加工设备、精制加工设备（图 13－25、图 13－26）和分装加工设备等。

①冷冻加工设备（图 13－27）。其主要解决一些商品需要低温保质保鲜的问题，如

鲜肉、鲜鱼等在流通中的保鲜及搬运装卸问题。低温加工设备也可用于某些液体商品、药品的流通加工。

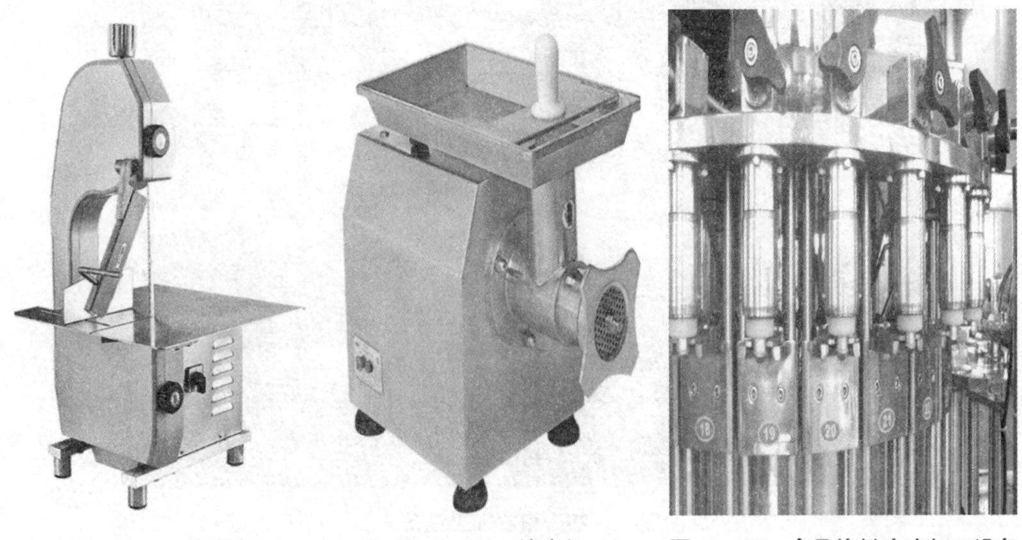

图 13-25 锯骨机　　图 13-26 绞肉机　　图 13-27 食品饮料冷冻加工设备

②分选加工设备（图 13-28）。其用于按照一定规格、质量标准对一些农副产品进行分选加工，比如瓜果类、谷物、棉毛原料等产品。农副产品规格、质量离散情况较大，为高效获得一定规格、质量的产品，需要采用相关设备对其进行分选加工。

图 13-28 分选加工设备

③精制加工设备（图 13-29）。其用于去除食品无用部分后，再进行切分、洗净等加工，不但可使产品进行分类销售，还可对加工的淘汰物进行综合利用。比如，利用鱼鳞的精制加工所剔除的鱼鳞可以制成高级黏合剂，头、尾可以制成鱼粉，某些内脏可以

制药或制成饲料等。

图 13-29 精制加工设备

④分装加工设备（图 13-30）。其用于将运输包装改为销售包装。许多生鲜食品零售起点较小，而为保证高效运输出厂，包装体积则较大，在销售地区需要按所要求的零售起点进行新的包装，即大包装改小包装、散装改小包装、运输包装改销售包装等。

图 13-30 食品油分装设备

【考核与评价】

考核与评价表

被考评小组（个人）			被考核小组成员名单				
考核内容							
考核标准	考核要点	分值（分）	自我评价（40%）	他人（他组）评价（平均）（30%）	教师评价（30%）	合计（100%）	备注
	操作能力	30					
	团队合作精神	25					
	语言表达	20					
	参与讨论的积极性	15					
	内容	10					
合计		100					

【练习与自测】

1. 简述六种典型的流通加工作业。
2. 简述流通加工设备的概念及分类。
3. 简述流通加工设备的作用。
4. 观察图片后填写出图片所示的流通加工设备名称。

________________　　________________

________________　　________________

学习情境十四　食品的流通加工

【学习目标】

一、专业能力目标

1. 知识目标

(1) 能够说出食品流通加工的概念和作用；
(2) 能够分辨食品流通加工的类型；
(3) 能够说出常见的食品流通加工方式。

2. 能力目标

(1) 能够选择恰当的设备进行食品流通加工作业；
(2) 能够正确使用食品类流通加工常用设备；
(3) 能够按要求对食品类货物进行加工处理作业；
(4) 能够进行 7S 现场管理。

二、非专业能力目标

1. 方法能力目标

(1) 通过关键词法、卡片法训练学生阅读理解、总结归纳能力；
(2) 通过海报法、小组讨论法训练学生分析问题、宣传展示能力；
(3) 通过博物馆展览法、小组拓展训练学生语言表达及倾听、理解能力；
(4) 通过任务实践，训练学生计划、组织、决策、优化能力。

2. 社会能力目标

(1) 能够认真倾听，领会客户意图，满足客户需求；
(2) 能够进行良好沟通、协调、组织；
(3) 能够形成绿色环保、成本节约意识并养成一定职业素养。

【工作情境】

成都市××物流有限公司作为一家大型综合性物流企业，在货物的运输、储存、流通加工等业务上都有涉足。实习生王源在熟悉了流通加工部的设备和工作内容后，今天开始到食品流通加工线上进行实践操作。仓库接收到客户八宝粥原材料等各类杂粮 10 箱，需要将这些原材料按照规定克数进行混合分装成数小袋八宝粥食材，并以 20 小袋为单位包装成礼盒装。

【工作任务】

（1）阅读学习材料中的内容，勾画出关键词，了解食品流通加工的基本内容。

个人工作/工作时间：20 min

（2）以小组为单位，选取一种食品加工类型，绘制食品流通加工流程的创意海报。

小组工作/工作时间：40 min

（3）利用博物馆法展示各组绘制的海报。

小组工作/工作时间：30 min

（4）以小组为单位，完成任务实践环节中的分装工作。

小组工作/工作时间：60 min

【工作实施与指导】

一、食品流通加工的概念

食品流通加工（Distribution processing）是指发生在食品流通过程中的加工活动，包括在途加工和配送中心加工，是为了方便食品流通、运输、储存、销售以及资源的充分利用和综合利用而进行的加工活动。

食品流通加工的类型很多。超市货柜里摆放的各类洗净的蔬菜、水果、肉末、鸡翅、香肠、咸菜等都是流通加工的结果。这些商品的分类、清洗、贴商标和条形码、包装、装袋等是在商品摆进货柜之前就已进行了加工作业，这些流通加工都不在产地，已经脱离了生产领域，进入了流通领域。

二、食品流通加工的作用

1. 弥补生产加工的不足，方便流通

如肉类产品的分割加工，将生产企业的整包装、标准化产品分割成适合不同客户需要的规格、尺寸或包装。

2. 提高生产效益和流通效益

对于生产企业，可以提高标准化和整包装的生产规模，节约包装和运输费用，提高生产效率。对流通企业来讲，促进销售量，增加收入和企业效益。

3. 方便用户购买和使用，降低用户成本

对于一些小的客户（酒店），初加工效率较低，流通加工省去了在初加工环节的设备和人力投资，降低成本，以一家流通加工企业代替了若干生产企业的初级加工工序。目前发展较快的食品初加工有净菜加工、肉类分割加工、水果保鲜、水产品冷藏加工等。

4. 提高加工效率和设备利用率

流通加工环节专业化，使得其可采用先进高效的大型加工设备，提高加工效率和设备的利用率，降低加工费用和原料成本。

5. 实现废物再生利用，提高物资利用率

肉类分割加工可优材优选，小材大用，合理包装，提高原料利用率。

6. 改变功能，增加商品附加价值，提高收益

一些改变功能的简单加工，如蛋类产品加工成松花蛋、咸蛋、冰蛋等蛋制品，提高产品附加值。

三、常见的食品流通加工方式

1. 冷冻加工

其是为了保鲜而进行的流通加工（图 14－1)。为解决鲜肉、鲜鱼在流通中保鲜及装卸搬运的问题，常采取低温冻结方式的加工。

图 14－1 冷冻加工

2. 分选加工

其是为了提高物流效率而进行的对蔬菜和水果的加工，如去除多余的根叶等（图 14－2)。农副产品规格、质量离散情况较大，为获得一定规格的产品，常采取人工或机械分选的方式加工。这种方式广泛用于果类、瓜类、谷物、棉毛原料等。

图 14—2 分选加工

3. 精制加工

农、牧、副、渔等产品的精制加工是在产地或销售地设置加工点，去除无用部分，甚至可以进行切分、洗净、分装等加工，分类销售。这种加工不但可大大方便购买者，而且还可以对加工过程中的淘汰物进行综合利用（图 14—3）。

图 14—3 精制加工

4. 分装加工

许多生鲜食品零售起点较小，但为了保证高效输送出厂，包装一般比较大，还有一些采用集装运输方式运达销售地区。为了便于销售，在销售地区按所要求的零售起点进行新的包装，即大包装改小包装，散装改小包装，运输包装改销售包装，以满足消费者对不同包装规格的需求，从而达到促销的目的（图 14-4）。

图 14-4　分装加工

5. 其他加工

半成品加工、快餐食品加工也是流通加工的组成部分。这些加工形式节约了运输等物流成本，保护了商品质量，增加了商品的附加价值。如葡萄酒是液体，从产地批量地将原液运至消费地配制、装瓶、贴商标，包装后出售，既可以节约运费，又安全保险，还能够以较低的成本卖出较高价格，附加值大幅度增加（图 14-5）。

图 14-5　葡萄酒的灌装加工

【任务实践】

一、任务准备

大米、糯米、红豆、莲子、桂圆、花生、红枣等食材各 3000 g，塑料包装袋若干，标签打印机若干个，礼品盒若干。

二、任务要求

(1) 将 7 类散装杂粮按照以下克数要求进行混合包装成八宝粥小包装原料。

每小包含：大米 50 克、糯米 50 克、红豆 100 克、莲子 100 克、桂圆 100 克、花生米 100 克、红枣 100 克。

(2) 将每袋小包装封口，打印“八宝粥”及生产日期字样标签并贴好。

(3) 每组完成 20 袋，装入礼品盒。

(4) 完成任务过程中，注意现场 7S 管理以及设备使用安全。

【考核与评价】

考核与评价表

被考评小组（个人）			被考核小组成员名单				
考核内容							
考核标准	考核要点	分值（分）	自我评价（40%）	他人（他组）评价（平均）（30%）	教师评价（30%）	合计（100%）	备注
	操作能力	30					
	团队合作精神	25					
	语言表达	20					
	参与讨论的积极性	15					
	内容	10					
合计		100					

【练习与自测】

一、思考题

以下图片展示的是哪些食品流通加工方式？

二、单项选择题

1. 流通加工的内容包括________。

A. 分割　　B. 贴标

C. 计量　　D. 包装

E. 检验

2. 流通加工的作用包括________。

A. 提高原材料利用率　　B. 方便用户

C. 提高加工效率及设备利用率　　D. 不产生任何价值的作业环节

3. 流通加工也可以起到促进销售的作用，例如________。

A. 将过大包装或散装物分装加工

B. 将以保护商品为主的运输包装改换成以促进销售为主的销售包装

C. 将蔬菜、肉类洗净切块以满足消费者要求

D. 自行车在消费地区的装配加工

4. 食品流通加工的具体项目主要有________。

A. 冷冻加工　　B. 分选加工

C. 精制加工　　D. 分装加工

5. 要实现流通加工的合理化，主要应从哪几个方面加以考虑？

A. 加工和配送结合　　B. 加工和配套结合

C. 加工和合理运输结合　　D. 加工和合理商流结合

E. 加工和节约结合

三、实践题

请完成一箱（24 瓶）冰露矿泉水（550 mL）的促销包装的流通加工业务，促销品为一包餐巾纸。

项目四　在企业内运输货物

学习情境十五　安全事故防护——装卸搬运安全

【学习目标】

一、专业能力目标

1. 知识目标

（1）能够说出装卸搬运工安全注意事项、货物装卸安全操作规程；
（2）能够说出在装卸搬运中典型的错误操作。

2. 能力目标

（1）能够及时处理安全隐患及事故；
（2）能够团队协作，起草企业的仓库内运输安全管理规定。

二、非专业能力目标

1. 方法能力目标

（1）能够独立处理问题，并能针对物品装卸搬运作业突发状况采取恰当的措施；
（2）通过关键词法、卡片法训练学生阅读理解、总结归纳能力；
（3）通过小组交谈法、小组拓展训练学生明确任务的能力，计划、组织、决策、优化能力。

2. 社会能力目标

（1）学生能够清晰表达自己见解并倾听他人的意见和建议；
（2）能够坚持安全规范操作，具有环保行为意识与法律职业素养意识。

【工作情境】

位于成都市青白江区的成都市××物流有限公司仓库内现需进行装卸搬运作业，你作为该企业装卸搬运员工，在装卸搬运作业前应具体起码的安全防护知识，了解货物装卸安全操作规程，下面是为你提供的一些上岗前培训资料。

【工作任务】

（1）请认真阅读文章并归纳出关键点。

个人工作/工作时间：15 min

（2）请与你的邻桌轮流解释各个关键点，在此过程中共同搞明白不懂的问题。

小组工作/工作时间：15 min

（3）教师检查并梳理学生对于关键点的理解，在此环节可以抽问学生。

个人工作/工作时间：30 min

（4）情景法、角色扮演游戏，6 人一组模拟京东商城装卸搬运作业，共同搞清楚货物安全操作流程。

小组工作/工作时间：25 min+教师指导时间：15 min

（5）小组讨论：学生仔细观察图片中作业的不安全点，找出其中的不安全地方，提出改进意见。教师根据学生回答情况进行指导。

小组工作/工作时间：15 min+教师指导时间：15 min

（6）请根据你对安全事故防护的认知，为实训室拟一则安全注意事项，教师根据学生拟定的注意事项作点评指导，并按照实训室安全指导对学生进行安全教育。

小组工作/工作时间：15 min+教师指导时间：15 min

【工作实施与指导】

一、装卸搬运

装卸搬运是指在同一地域范围内进行的，以改变物料存放（支撑）状态和空间位置为主要目的活动。装卸强调物料存放状态的改变，搬运强调物料空间位置的改变。

装卸搬运工是指从事体力劳动的工人，工作是装卸搬运货物，属于公司的基层员工。安全重于泰山，从事装卸搬运工作，必须谨遵安全操作流程，注意搬运事项，下面就来详细了解下装卸搬运工安全操作注意事项。

二、安全操作注意事项

（1）严禁酒后上班，工作前穿戴好规定的劳动护具，认真检查所使用工具是否完好、可靠；工作过程中穿戴防滑鞋，锁紧袖口裤脚边。

（2）搬运大重物时，必须先了解物体重量、形状及所搬运的方法，防止因搬运方法不当造成安全事故。

（3）两人抬运送重物时，每人不得超过 60 kg，以防造成扭伤事故。

（4）搬运货物时，必须有人统一指挥，下面严禁站人，易摇晃的货物要拴上绳子，以防发生安全事故。

（5）乘车时人不得站立在物件和前栏板间，开车要坐稳做好，车未停稳不得上下车。

（6）在装卸重物时，必须检视道路是否平坦，有无障碍物。应先清理周围的多余物资。

（7）装卸货物时，应先检查跳板的牢固性，若跳板坡度大应铺设防滑材料或钉板条，以保证操作者安全。

（8）装卸人员在装卸货物时小心谨慎，轻拿轻放，不得有抛掷、翻滚、脚踢、在地上拖拉货物等野蛮装卸动作；货物要沿区域线整齐堆放；做到货物横看成行，竖看成列，垛行垂直；大不压小，重不压轻，好不压坏；并按包装箱上标识的箭头方向正放，严禁倒置；货物标签朝外，便于查看。

（9）装卸易燃物品时，严禁抽烟。

（10）装卸结束，必须检查车上各种物质是否搬完；关车门时，必须检查车皮厢把手的销子，确实插牢后再离开工作地方。

（11）使用各种工具后，应放到指定位置，不得随意乱放，以防造成碰伤或砸伤。

（12）发生事故保护现场，及时报告有关部门。

三、安全搬运技巧

搬运必须每时每刻按照正确的搬运程序和操作次序组合进行操作。搬运时须按照正确步骤，以保证搬运安全并尽可能降低受伤的风险。

第一步：准备工作。

要站在搬运物体前，不要侧身搬运物体，否则易扭伤。

第二步：确定物体重心。

确定物体重心，应尽可能使物体重心靠近身体，以保持搬运时的平衡。

第三步：正确放置脚的位置。

根据通常规则，前脚应该放在货物旁边。后脚稍后于前脚一个臀部的宽度。这种姿势使人非常稳定，且可以平衡货物重量。

第四步：直背。

搬运货物之前，尽可能挺直背部，收缩下巴抬起头。这样能保持脊骨伸直，也能使你能看清路况。

第五步：手臂靠近身体。

搬运过程中，手臂尽可能伸直，肘部在两侧向内。搬运中不要改变抓握方式，并且面部直接对着货物将放下的位置。

正确搬运姿势如图 15－1、图 15－2、图 15－3 所示。

图 15−1　搬运基本动作

推物体（正确）

推物体（错误）

图 15−2　推物体姿势

拉物体（正确）

拉物体（错误）

图 15−3　拉物体姿势

四、货物装卸安全操作规程

1. 装车前的检查

（1）装车前，由装车负责人对货物和车辆进行检查，查看车辆能否满足货物运输要求，确认装车后不超宽、不超高、不超载，不违反交通运输等有关规定。

（2）装车区域检查，由装车负责人确认装车区域无遮挡、无障碍、无危险品、无闲杂人员。

（3）装车设备检查，凡利用起重机、叉车等设备装车，由装车负责人按照设备完好要求进行检查，确保装车设备无隐患。装卸物件必须用跳板搭桥时，应选用强度高、质量好的跳板，并安置牢固。

（4）运输车辆检查，由司机对车辆进行安全检查，包括仪表、油路、刹车、离合、灯光、轮胎、车厢及工具，确认正常，并填写记录。

（5）装车人员检查，由装车负责人检查装车人员劳保穿戴整齐，对装车人员进行安全教育，交代安全注意事项及预防措施，使其熟知货物装车规范要求，装车相应工具、材料齐全合格。

（6）非日常大型货物装车，需制定装车措施，报生产部审核备案。

2. 装车

（1）装卸工在装卸、搬运作业时，必须有安全防护措施，发现不安全因素，及时处理。

（2）堆放物件不可歪斜，高度要适当，对易滑动件要用木块垫塞，防止滚动。

（3）用机动车辆装运货物时不得超载、超高、超长、超宽，要有可靠措施和明显标志。

（4）装货作业应按先重后轻、先下后上的原则进行。

（5）在装运易燃、易爆、易碎和有毒物品时，要确保一定的安全数。装卸人员有权拒绝一切危险的混装、超载、超高、超长和捆绑不牢的装卸工作。

（6）装卸人员在支架、漏斗内指挥装车时，不得站在支架或漏斗内指挥倒车，防止车辆把人挤伤。

（7）搬运物件要注意有毒物品的隔离（如火碱、硫酸等），若物件上标有“小心轻放、切勿倒置”“禁止烟火”“避免潮湿”“玻璃容器”“不得挤压”等字样时要慎重，安全妥善地搬运处理。

（8）现场装卸搬运职员和机具操纵职员，应严格遵守劳动纪律，服从指挥。非装卸搬运职员，均不准在作业现场逗留。

（9）对各种装卸设备，必须制定安全操纵规程，并由经过操纵练习的专职职员操纵。铲（叉）车在行驶时，无论空载还是重载，其车铲距地面不得小于 300 mm，但也不得高于 500 mm。

（10）严禁任何人站在铲车或车铲的货物上随车行驶，也不得站在铲车车门上随车行驶，以防发生事故。

（11）在装卸搬运危险品前，必须严格执行操作规程和有关规定，预先做好预备工作，认真细致检查装卸搬运工具及操作设备。工作完毕后，沾染在工具上面的物质必须清除，防止相互抵触的物质引起化学反应。操作过氧化剂物品的工具，必须清洗后方可使用。

（12）人力装车搬运时，应实事求是，协调配合，不可冒险违章作业。

（13）装车完毕后，物件要牢固捆好，注意检查汽车厢挡板是否牢固可靠，并挂好安全钩，防止物件滑动伤人。

（14）作业现场应有统一指挥，有明确固定的指挥信号，以防作业混乱发生事故。

3. 运输

（1）车辆驾驶员必须持有合格有效的机动车驾驶证。

（2）车辆进出装卸现场，在场内掉头、倒车，在狭窄场地行驶时应有专人指挥。

（3）现场行车进场要减速，并做到“四慢”：道路情况不明要慢，起步、会车、停车要慢，在狭路、桥梁弯路、坡路、岔道、行人拥挤地点和在雨雪冰路面上行驶时要慢，进出大门时要慢。

4. 卸车

（1）卸货时，一定要注意周围人员的安全，并留有一定的安全距离，防止抛掷、用力过猛而撞伤其他人员。

（2）卸车前对车厢货物固定情况进行检查，看货物运输中有无变形或松动，如有异常，要采取防滑落措施，方可进行卸车。

（3）卸车人员要有两名以上方可共同打开汽车大厢板，以防伤人。

（4）卸货作业时则按装车相反顺序进行，对贵重和有毒有害的物品应采取相应保护方式。

（5）卸车作业时，若车辆停在坡道上，应在车轮两侧用楔形木块加以固定。

【考核与评价】

考核与评价表

<table>
<tr><td colspan="2">被考评小组（个人）</td><td></td><td colspan="2">被考核小组成员名单</td><td colspan="3"></td></tr>
<tr><td>考核内容</td><td colspan="7"></td></tr>
<tr><td rowspan="6">考核标准</td><td>考核要点</td><td>分值（分）</td><td>自我评价（40%）</td><td>他人（他组）评价（平均）（30%）</td><td>教师评价（30%）</td><td>合计（100%）</td><td>备注</td></tr>
<tr><td>操作能力</td><td>30</td><td></td><td></td><td></td><td></td><td></td></tr>
<tr><td>团队合作精神</td><td>25</td><td></td><td></td><td></td><td></td><td></td></tr>
<tr><td>语言表达</td><td>20</td><td></td><td></td><td></td><td></td><td></td></tr>
<tr><td>参与讨论的积极性</td><td>15</td><td></td><td></td><td></td><td></td><td></td></tr>
<tr><td>内容</td><td>10</td><td></td><td></td><td></td><td></td><td></td></tr>
<tr><td colspan="2">合计</td><td>100</td><td></td><td></td><td></td><td></td><td></td></tr>
</table>

【练习与自测】

1. 运用所学知识，找出以下装卸搬运作业中存在的安全隐患，并提出改进意见。

2. 请你根据以下实训室现有的安全规定，进行完善和补充，拟定一份更详尽、周全的安全管理规定。

序号	实训室安全规定
1	进去实训室前，女生须将头发扎好，穿平底运动鞋，禁止穿短裤、裙子、拖鞋，禁止留长指甲，戴首饰、手表等；男生仪容仪表需符合学校安全规定，穿平底运动鞋，禁止穿短裤、拖鞋进入实训室。
2	禁止触碰电线开关及插座。
3	未经管理人员和教师允许，任何人不得私自移动、调整设备、实训用品和信息系统。

续表

序号	实训室安全规定
4	实训室内严禁吸烟、饮酒、打闹、大声喧哗。
5	保持实训室内整洁、整齐，并确保室内防潮、防鼠、防盗、防火和使用安全。
6	严禁将非实训用品、设备带进实训室内。未经管理人员允许，任何人不得将实训仪器设备、用品带出室外。
7	未经管理人员同意，不得私自进入实训室及机房。
8	实训前必须认真预习内容，明确内容、目的、原理，以便参与实训过程。
9	实训时必须严格遵守实训的规章制度和操作规程，服从教师的指导。
10	爱护实训室内各项设备和仪器，节约实训材料及耗材。做到用前检查设备、用后整理归位，不准将室内任何物品带出室外，一经发现，将按校方的有关规定进行处理。
11	若出现设备损坏或事故应立即切断电源、保护现场，及时向老师或管理人员报告，不得自行处理，等故障查明、排除后，方可继续进行实训。
12	实训结束后，经指导老师或管理人员检查仪器、设备、用品和耗材，并填写实训记录后方可离开。

学习情境十六　认知装卸搬运设备

任务一　仓储物流设备的基本概念

【学习目标】

一、专业能力目标

1. 知识目标

（1）能够说出装卸搬运的概念及分类；
（2）能够认识各种搬运设备；
（3）能够分析装卸搬运不合理的形式并提出合理化建议。

2. 能力目标

（1）能够根据货物性质及规格选择适合的装卸搬运设备；
（2）能够对搬运设备进行正确的保养维护。

二、非专业能力目标

1. 方法能力目标

（1）学生能够团队协作对物品搬运作业进行计划、组织、优化、决策；
（2）学生能够独立处理问题，并能针对物品搬运作业突发状况采取恰当的措施。

2. 社会能力目标

（1）能够专心参与团队活动，能够坚持安全规范操作；
（2）具有环保行为意识与职业素养意识。

【工作情境】

成都市××物流有限公司是一家专业化的第三方物流公司，如今在全国拥有成都、北京、天津、上海、广州、西安、武汉等七家分公司和多家办事处，主营快消品物流，为客户提供高效的仓储、运输、配送及委托采购服务。

公司仓库内现需进行装卸搬运作业，你作为该企业装卸搬运员工，在装卸搬运作业前应熟知企业内装卸搬运设备，懂得其工作原理、维护保养基本知识等。下面是为你提供的一些学习材料。

【工作任务】

（1）学生阅读示例，独立思考并写出自己所理解的装卸搬运设备含义、地位与特点。

个人工作/工作时间：15 min

（2）教师总结搬运的含义与特点。

个人工　/工作时间：5 min

（3）采用关键词法、旋转木马法加深学生记忆与理解。

个人工作/工作时间：10 min

（4）请认真阅读学习材料并标记关键词。

个人工作/工作时间：15 min

【工作指导与实施】

【示例】

联华公司创建于1991年5月，是上海首家发展连锁经营的商业公司。经过11年的发展，已成为中国最大的连锁商业企业。2001年销售额突破140亿元，连续3年位居全国零售业第一。联华公司的快速发展，离不开高效便捷的物流配送中心的大力支持。联华共有4个配送中心，分别是2个常温配送中心，1个便利物流中心，1个生鲜加工配送中心，总面积7万余平方米。

联华便利物流中心总面积8000平方米，由4层楼的复式结构组成。为了实现货物的装卸搬运，配置的主要装卸搬运机械设备为：电动叉车 8 辆，手动拖盘搬运车 20 辆，垂直升降机 2 台，笼车 1000 辆，道输送机 5 条，数字选设备 2400 套。在装卸搬运时，操作过程如下：对来货卸下后，把其装在托盘上，由手动叉车将货物搬运至入库运载装置上，将货物送上入库输送带。当接到向第一层搬送指示的托盘在经过升降机平台时，不再需要上下搬运，将直接从当前位置经过一层的入库输送带自动分配到一层入库区等待进入向二至四层搬送指示的托盘，将由托盘垂直升降机自动传输到所需楼层。当升降机到达指定楼层时，由各层的入库输送带自动搬送货物至入库区。

先进实用的装卸搬运系统，为联华便利店的发展提供了强大的支持，使联华便利物流作能力和效率大大提高。

物流作业中的常见装卸搬运设备如图 16－1、图 16－2 所示。

图 16－1　物流作业中的装卸搬运设备

图 16－2　某汽车公司仓库的装卸搬运设备

一、仓储物流设备

物流设备是物流系统中的物质基础，伴随着物流的发展与进步，物流设备不断得到提升与发展。物流设备领域中许多新的设备不断涌现，如四向托盘、高架叉车、自动分拣机、自动引导搬运车（AGV）、集装箱等，减轻了人们的劳动强度，提高了物流运作效率和服务质量，降低了物流成本，在物流作业中起着重要作用，促进了物流的快速发展。

仓储物流设备主要包括立体货架、堆垛机、室内搬运车、出入输送设备、分拣系统、升降设备（提升机或升降机）以及计算机管理和监控系统。这些设备可以组成半自动化、自动化、机械化的仓库，来堆放、存取和分拣物品。常见仓储设备如图 16－3 所示。

图 16-3 常见仓储设备

二、装卸搬运设施与设备

1. 装卸搬运设备的基本参数

（1）起重量；
（2）起升高度；
（3）工作速度；
（4）跨度和幅度；
（5）外形尺寸；
（6）自重。

2. 选择装卸搬运机械设备时需考虑因素

（1）商品特性；
（2）作业方式与作业量；
（3）环境条件；
（4）设备的维护；
（5）成本与需求的平衡。

3. 装卸搬运设备的分类

随着社会的发展，货物种类越来越多，来源越来越广，外形差异越来越大，特点也各不相同，如有箱装货物、袋装货物、桶装物、散货、易燃易爆及剧毒物品等。

为了适应各类货物的装卸搬运和满足装卸搬运过程中各个环节的不同要求，各种装卸搬运设备应运而生。装卸搬运作业运用的装卸搬运设备种类很多，分类方法也很多。

为了运用和管理方便，通常可按以下方法进行分类。

(1) 按用途或结构特征进行分类。

按用途或结构特征，装卸搬运设备可分为起重设备（图 16−4 至图 16−6)、输送设备、装卸搬运车辆、专用装卸搬运设备。其中，专用装卸搬运设备是指有专用取物装置的装卸搬运设备，如托盘专用装卸搬运设备、集装箱专用装卸搬运设备、船舶专用装卸搬运设备等。

图 16−4　岸边集装箱起重机
（暗桥或桥吊）

图 16−5　轨道式集装箱龙门起重机
（轨道吊）

图 16−6　轮胎式集装箱龙门起重机（RTG 轮胎式箱吊）

(2) 按作业性质分类。

按作业性质，装卸搬运设备可分为装卸设备、搬运设备。

(3) 按装卸搬运货物的种类分类。

①长大笨重货物的装卸搬运设备，如轨行式起重机。

②散装货物的装卸搬运设备，如抓斗式起重机（图 16−7)。

图 16-7 抓斗式起重机

③成件包装货物的装卸搬运设备，如平衡垂式叉车（图 16-8）、带式输送机等。

图 16-8 平衡重式叉车

④集装箱货物装卸搬运设备，如集装箱叉车（图 16-9）、龙门起重机、旋转起重机等。

图 16-9 集装箱叉车

（4）其他装卸搬运设备

①人力作业车辆。

A. 手推车（图 16－10）。

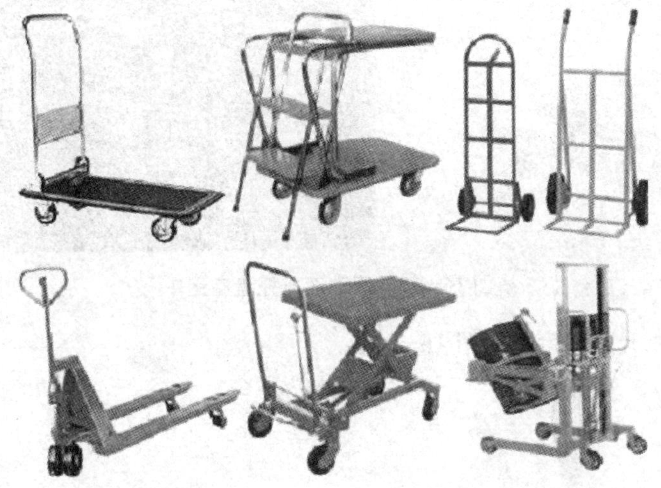

图 16－10　手推车

B. 手推台车（图 16－11、图 16－12）。

图 16－11　手推台车

图 16－12　登高式手推台车

C. 手动液压托盘搬运车（地牛）（图 16－13）。

图 16－13　手动液压托盘搬运车

D. 手动液压升降平台车（图 16－14）。

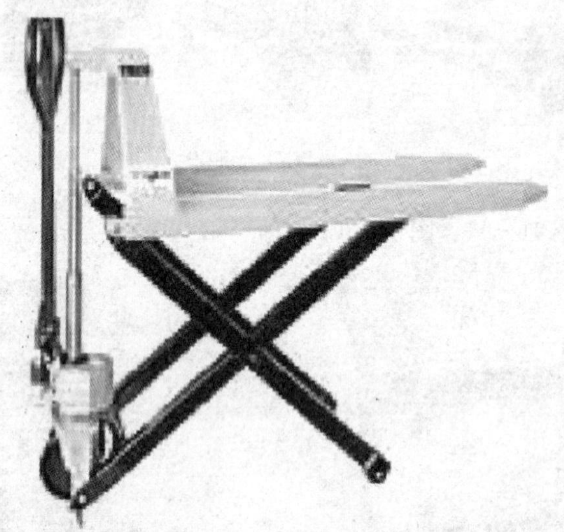

图 16－14　手动液压升降平台运车

E. 物流台车（图 16－15）。

图 16－15　物流台车

F. 固定平台搬运车和牵引车（图 16－16）。

图 16－16　固定平台搬运车和牵引车

G. 自动搬运导引车（AGV）（图 16－17）。

图 16－17　自动搬运导引车（AGV）

H. 自动传送机（图 16－18）。

图 16－18　自动传送机

任务二　认识手动液压托盘搬运车

【工作任务】

（1）请认真阅读学习材料并标记关键词。

个人工作/工作时间：10 min

（2）请将你所获取到的关键词与小组成员交流，每个小组整合出五个与手动液压托盘搬运车有关的关键词，并将关键词用卡片法填写在卡片上，粘贴在小组展板上。

个人工作/工作时间：20 min

（3）利用博物馆法，各小组交互参观其他小组得出的关键词信息，并由本小组人员阐释手动液压托盘搬运车的特点及结构。

小组工作/工作时间：10 min

（4）教师检查并梳理学生对于关键词的理解。

教师作时间：5 min

（5）各小组利用海报法，将关于手动液压托盘搬运车的结构特点及使用方法以宣传海报的形式绘画出来。

小组工作/工作时间：25 min

（6）请根据本堂课对手动液压托盘搬运车的学习，利用实训室参观法，整理出手动液压托盘搬运车的使用技巧，教师给予点评。

小组工作/工作时间：10 min

【工作指导与实施】

手动液压托盘搬运车是一种小巧方便，使用灵活，载重量大，结实耐用的货物搬运工具，俗称“地牛”。搬运车除了具有托运货物的功能外，为了方便起降货物，车底盘与轮之间带有液压装置，可以方便地将车推入货箱底座之下，然后用液压将底盘升高，托起货物，便可拖动货物移动，到达目的地后，用液压将底盘降落，货物也随之落地，可以方便地抽出搬运车（图 16—19）。

图 16－19　手动液压托盘搬运车实景

手动液压托盘搬运车构造：

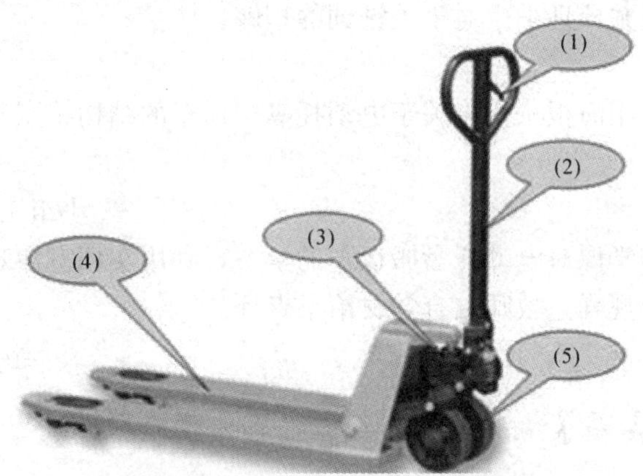

图 16－20　手动液压托盘搬运车构造

（1）捏手：开启捏手后，液压系统可以产生压力；释放后，液压系统的压力也随之消失。

（2）手柄：上下摇动手柄可以起升货叉，通过手柄连动转向轮可进行方向控制。

（3）液压泵：坚固的起升系统，能满足大多数的起升要求，并按标准要求镀锌。

（4）货叉：货叉由高抗拉伸糟钢做成。

（5）转向轮：货叉前端小轮为承载滚轮，跟手柄连接的大轮为转向轮，用来控制方向。

任务三　认识电动托盘搬运车

【工作任务】

（1）请认真阅读学习材料并标记关键词。

个人工作/工作时间：10 min

（2）请将你所获取到的关键词与小组成员交流，每个小组整合出五个与电动托盘搬运车有关的关键词，并将关键词用卡片法填写在卡片上，粘贴在小组展板上。

个人工作/工作时间：10 min

（3）利用博物馆法，各小组交互参观其他小组得出的关键词信息，并由本小组人员阐释电动托盘搬运车的特点及结构。

小组工作/工作时间：20 min

（4）教师检查并梳理学生对于关键词的理解。

教师时间：5 min

（5）各小组利用海报法，将关于电动托盘搬运车的结构特点及使用方法以宣传海报的形式绘画出来。

小组工作/工作时间：30 min

（6）请根据本堂课对电动托盘搬运车的学习，利用实训室参观法，整理出电动托盘搬运车的安全操作规程，教师结合学材给予点评。

小组工作/工作时间：5min

【工作指导与实施】

电动托盘搬运车，又称电动搬运车、电动地牛，适用于重载及长时间货物转运，可大大提高货物搬运效率。车身设计超薄，无级变速，特小转弯半径，车身坚固，动作轻便灵活，无噪音，无污染。一次充电工作时间长，性能可靠，广泛应用于物流、仓库、工厂、医院、学校、商场、机场、体育场馆、车站机场等 。

图 16-21　电动托盘搬运车

一、电动托盘搬运车基本信息

1. 适用工况

（1）中、长距离的水平搬运，不能堆高。
（2）可以用于货车装卸。
（3）载重一般在 2～3 吨（部分厂家可以达到 5 吨，如 TP50 系列产品）。
（4）最大升高距离在 200 mm 左右。

2. 电动托盘搬运车的产品结构

（1）采用电动液压泵进行升降。
（2）使用电控（斩波器）或者国产的电阻式电控进行行驶速度的调节，考虑平稳度的问题，大多采用美国 CRUTIS 电控。
（3）有带踏板和不带踏板的多种规格（部分厂家还有安全护栏防护腰部）。

3. 行驶电机的安装方式

二、主要组成部分

1. 操纵臂

在行驶过程中，操纵臂最大转向角度为 180 度。

2. 电动托盘车铭牌

铭牌上附有型号、额定起重量、最大起升高度、自重、出厂编号等。

3. 箱盖

可拆卸，在使用时具有良好的可视性。

4. 仪表

电量表，在正常工作时，显示电量值，反映蓄电池电量是否符合要求。

5. 液压控制

车身面板上的上升、下降手柄控制上升、下降功能。

6. 液压装置

装在一油箱内，紧凑地装有泵电机、泵及油箱体。

7. 电源插座总成

蓄电池充电时，将有拉手的插座拔出并与充电机上的插头相插。

8. 带刹车的驱动装置

附有电磁通电制动器、行走电机、齿轮箱和驱动轮，驱动电机与齿轮箱之间装有转向轴承。

9. 调速装置

在 24V 电压下正常运行，通过电控调节速度。

10. 万向支撑轮

左右两个万向轮支撑以确保车体稳定。

11. 踏板

可拆卸，仅供电动托盘搬运车作业人员站立使用，严禁搭载人员。

三、安全操作规程

(1) 电动托盘搬运车在工作前，要检查蓄电池，以及制动、方向和液压系统等部件装置是否灵敏可靠，如有问题应及时进行处理，如果电量不足应及时进行补充。

(2) 进行装卸作业时，不能对机件进行调整，或者是对电动托盘搬运车进行检修和保养工作。

(3) 电动托盘搬运车在启动时，应保持适当的启动速度，不能速度过快，更不能随意改动行驶方向，以免烧坏其电器元件，或者损坏其齿轮，使得设备不能正常工作。

(4) 电动托盘搬运车在行驶过程中，严禁高速急转弯行驶，以免出现问题。如遇潮湿路面，转向应减速进行。

(5) 设备严禁载人运行，更不能超载使用，这样会损坏设备。

四、注意事项

(1) 工作结束后，电动托盘搬运车要及时进行充电，不能忽略。

(2) 操作人员不能违规操作，在操作过程中不能做与工作无关的事情。

任务四　认识自动传送机

【工作任务】

(1) 学生观看教学视频，独立思考并写出自己从视频中得出的信息。

个人工作/工作时间：5 min

(2) 采用小组讨论法，写出视频中小车的特点。

小组工作/工作时间：10 min

（3）学生再次回顾视频，采用小组讨论法，写出传送机的组成部分。

个人工作/工作时间：10 min

（4）学生阅读所给学习材料信息图片，采用餐垫法写出你认为传送机最重要的 8 个组成部分。

个人工作/工作时间：15 min

（5）教师总结。

个人工作/工作时间：20 min

（6）教师组织学生到实训室参观自动传送带。

个人工作/工作时间：20 min

【工作指导与实施】

观察图 16–22，认识自动传送机。

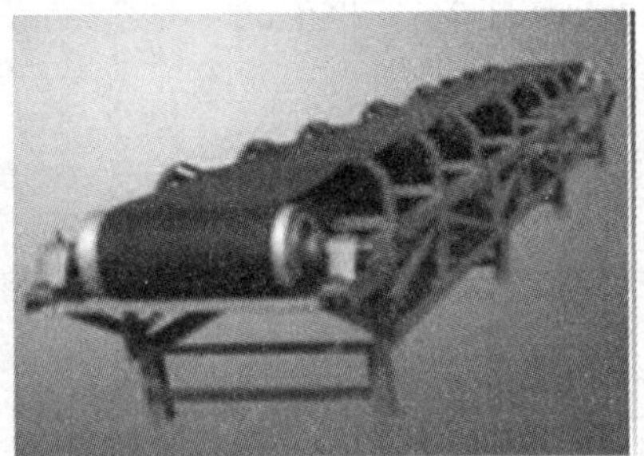

图 16–22　不同类型的自动传送机

任五务　认识 AGV 货到人无人搬运小车

【工作任务】

（1）学生观看视频与图片，独立思考并写出自己从视频中得出的信息。

个人工作/工作时间：10 min

（2）采用小组讨论法，写出视频中小车的特点。

小组工作/工作时间：10 min

（3）学生观看图片，采用餐垫法与小组讨论法写出 AGV 小车的主要部件并展示。

个人工作/工作时间：10 min

（4）再次观看视频资料 1，小组讨论总结 AGV 小车的优势，采用餐垫法总结展示这堂课你所认识的 AGV 小车。

个人工作/工作时间：5 min

（5）教师总结。

教师时间：5 min

（6）教师组织学生到物流实训室参观 AGV 小车作业。

个人工作/工作时间：40 min

【工作指导与实施】

观看视频及图 16-23、图 16-24 并掌握 AGV 的概念。

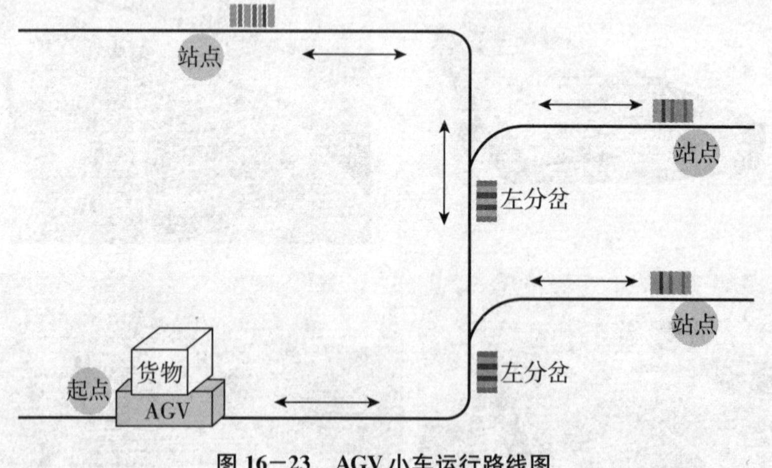

图 16-23　AGV 小车运行路线图

图 16-24　AGV 小车图

根据图 16-25 写出 AGV 小车的部件名称。

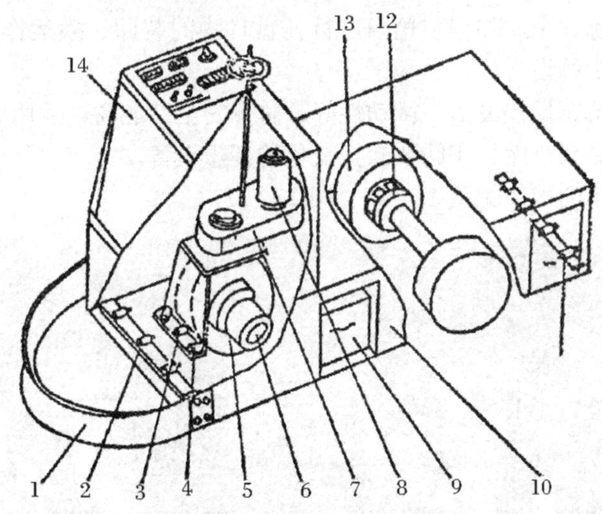

图 16-25　AGV 结构组成图

思考：相比人工搬运，AGV 自动搬运的优势有哪些？

任务六　认识堆高车

【工作任务】

（1）带领同学们到物流实训室观察堆高车，记录你所观察到的所有内容。请你为堆高车画一幅简笔画，并以堆高车的名义附上简单的自我介绍。

小组工作/工作时间：20min

（2）阅读学材，补充完整自己在第一阶段没有观察到的内容，并体现在简笔画及介绍的作业中。

小组工作/工作时间：20min

3. 每个小组同学之间相互分享，并完善成一份小组最优作业。

小组工作/工作时间：10min

4. 将每个小组的作业利用博物馆参观法进行展示。

小组工作/工作时间：20min

5. 小组成果展示并阐述思路。

小组工作/工作时间：10min

【工作指导与实施】

堆高车是指对成件托盘货物进行装卸、堆高、堆垛和短距离运输作业的各种轮式搬运车辆。

堆高车广泛应用于工厂车间、仓库、流通中心和配送中心、港口、车站、机场、货场等，并可进入船舱、车厢和集装箱内进行托盘货物的装卸、搬运作业，是托盘运输、集装箱运输必不可少的设备。

堆高车结构简单、操控灵活、微动性好、防爆安全性能高，适用于狭窄通道和有限空间内的作业，是高架仓库、车间装卸托盘化的理想设备。

手动液压堆高车的构造见图 16－26、图 16－27。

图 16－26　手动液压堆高车的构造（1）

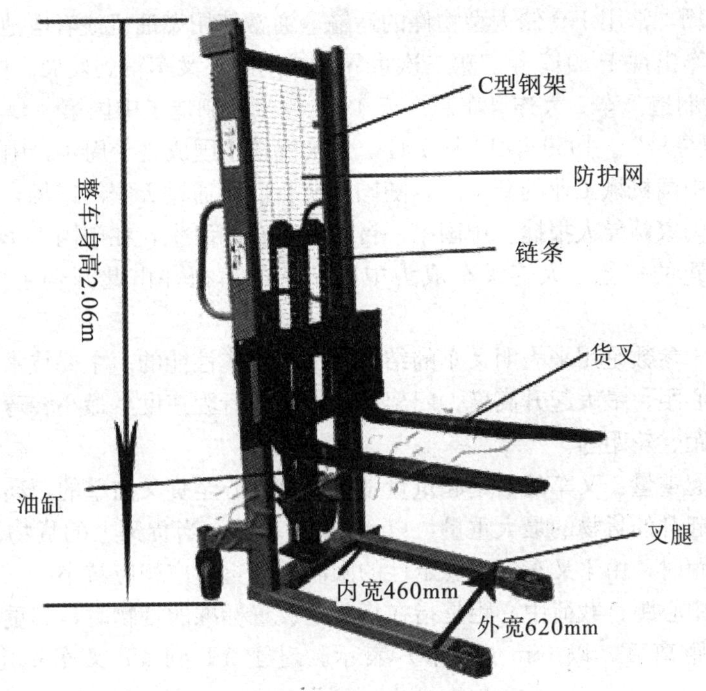

图 16－27　手动液压堆高车的构造（2）

任务七　认识叉车

【工作任务】

（1）带领同学们到叉车实训场地观察叉车，记录你所观察到的所有内容。请你为叉车画一幅简笔画，并以叉车的名义附上简单的自我介绍。

小组工作/工作时间：60min

（2）阅读学习材料，补充完整自己在第一阶段没有观察到的内容，并体现在简笔画及介绍的作业中。

小组工作/工作时间：30min

（3）每个小组同学之间相互分享，并完善成一份小组最优作业。

小组工作/工作时间：20min

（4）将每个小组的作业利用博物馆参观法进行展示。

小组工作/工作时间：30min

（5）小组展示成果并阐述思路。

小组工作/工作时间：30min

【工作指导与实施】

叉车是工业搬运车辆，是指对成件托盘货物进行装卸、堆垛和短距离运输作业的各种轮式搬运车辆，常用于仓储大型物件的运输，通常使用燃油机或者电池驱动。

自行式叉车出现于1917年。第二次世界大战期间，叉车得到发展。中国从20世纪50年代初开始制造叉车。大连叉车总厂于1958年生产制造了中国第一台5T内燃叉车，命名“W5-卫星号”。1959年10月1日，为庆祝新中国成立十周年，中国第一台5吨内燃叉车作为中国机械工业的新产品，随国庆游行队伍通过天安门广场，向国庆十周年献礼，向党和国家领导人报捷。中国第一台内燃叉车的诞生，在中国叉车制造史这张白纸上画下了重重的一笔，大连叉车成为中国叉车的鼻祖并由此开创了中国叉车制造业史。

叉车的技术参数是用来表明叉车的结构特征和工作性能的。主要技术参数有额定起重量、载荷中心距、最大起升高度、门架倾角、最高行驶速度、最小转弯半径、最小离地间隙以及轴距、轮距等。

（1）额定起重量：叉车的额定起重量是指货物重心至货叉前壁的距离不大于载荷中心距时，允许起升的货物的最大重量，以t（吨）表示。当货叉上的货物重心超出了规定的载荷中心距时，由于叉车纵向稳定性的限制，起重量应相应减小。

（2）载荷中心距：载荷中心距是指在货叉上放置标准的货物时，其重心到货叉垂直段前壁的水平距离T，以mm（毫米）表示。对于1T到4T叉车规定载荷中心距为500mm。

（3）最大起升高度：最大起升高度是指在平坦坚实的地面上，叉车满载，货物升至最高位置时，货叉水平段的上表面离叉车所在的水平地面的垂直距离。

（4）门架倾角：门架倾角是指无载的叉车在平坦坚实的地面上，门架相对其垂直位置向前或向后的最大倾角。前倾角的作用是便于叉取和卸放货物；后倾角的作用是当叉车带货运行时，预防货物从货叉上滑落。一般叉车前倾角为3°～6°，后倾角为10°～12°。

（5）最大起升速度：叉车最大起升速度通常是指叉车满载时，货物起升的最大速度，以m/min（米/分）表示。提高最大起升速度，可以提高作业效率，但起升速度过快，容易发生货损和机损事故。目前国内叉车的最大起升速度已提高到20m/min。

（6）最高行驶速度；提高行驶速度对提高叉车的作业效率有很大影响。对与起重量为1t的内燃叉车，其满载时最高行驶速度不少于17 m/min。

（7）最小转弯半径：当叉车在无载低速行驶、打满方向盘转弯时，车体最外侧和最内侧至转弯中心的最小距离，分别称为最小外侧转弯半径$R_{\min外}$和最小内侧转弯半径$r_{\min内}$。最小外侧转弯半径愈小，则叉车转弯时需要的地面面积愈小，机动性愈好。

（8）最小离地间隙：最小离地间隙是指车轮以外，车体上固定的最低点至地面的距离。它表示叉车无碰撞地越过地面凸起障碍物的能力。最小离地间隙愈大，则叉车的通过性愈高。

（9）轴距及轮距：叉车轴距是指叉车前后桥中心线的水平距离。轮距是指同一轴上左右轮中心的距离。增大轴距，有利于叉车的纵向稳定性，但使车身长度增加，最小转弯半径增大。增大轮距，有利于叉车的横向稳定性，但会使车身总宽和最小转弯半径增加。

（10）直角通道最小宽度：直角通道最小宽度是指供叉车往返行驶的成直角相交的

通道的最小宽度，以 mm 表示。一般直角通道最小宽度愈小，性能愈好。

（11）堆垛通道最小宽度：堆垛通道最小宽度是指叉车在正常作业时通道的最小宽度。

叉车的外形见图 16－28。

图 16－28　认知叉车外形

平衡重式叉车的主要部件见图 16－29。

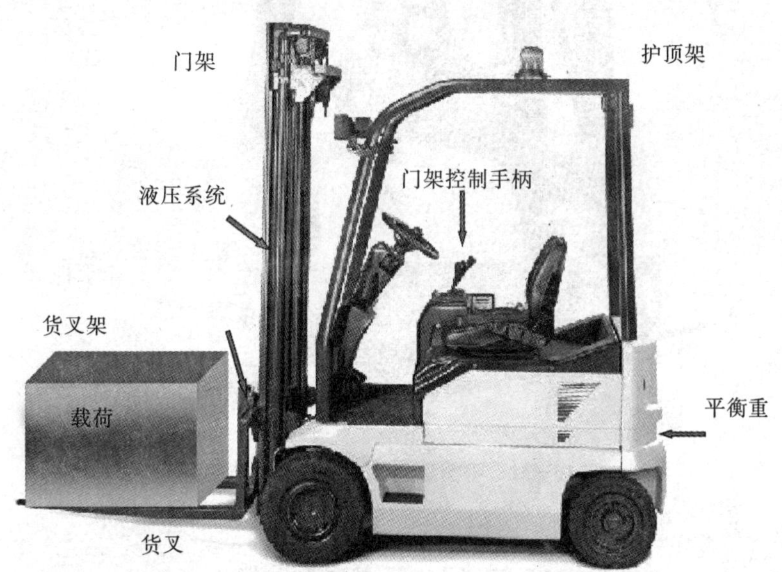

图 16－29　平衡重式叉车的主要部件

内燃式叉车的动力系统见图 16－30。

图 16－30　内燃式叉车的动力系统

平衡重式叉车的牵引杆与后桥见图 16－31。

图 16－31　平衡重式叉车的牵引杆与后桥

任务八　认识起重机

【工作任务】

（1）在我们的生活中，很多地方如仓库，工地、码头、铁路沿线等都可以看见各种类型的起重设备，你是否能清楚地说出它们的名称？能否区分他们分别属于哪种类别？

请同学们根据给出的起重机定义描述，将相应的图片与之配对。

小组工作/工作时间：10min

（2）小组讨论归纳五种起重机的优缺点及应用范围。

小组工作/工作时间：30min

（3）认识常用桥式起重机，并将所给图片与之配对。

小组工作/工作时间：10min

（4）阅读学习材料，了解起重机常规操作要求，并勾画出关键词。

个人工作/工作时间：30min

【工作指导与实施】

一、起重机类别

1. 桥式起重机

桥式起重机是指由能运行的桥架结构和设置在桥架上能运行的起升结构组成的起重机械（图 16－32）。

图 16－32　桥式起重机（天车）

2. 梁式起重机

梁式起重机由简单截面梁和起重小车两大部分组成（图 16－33）。

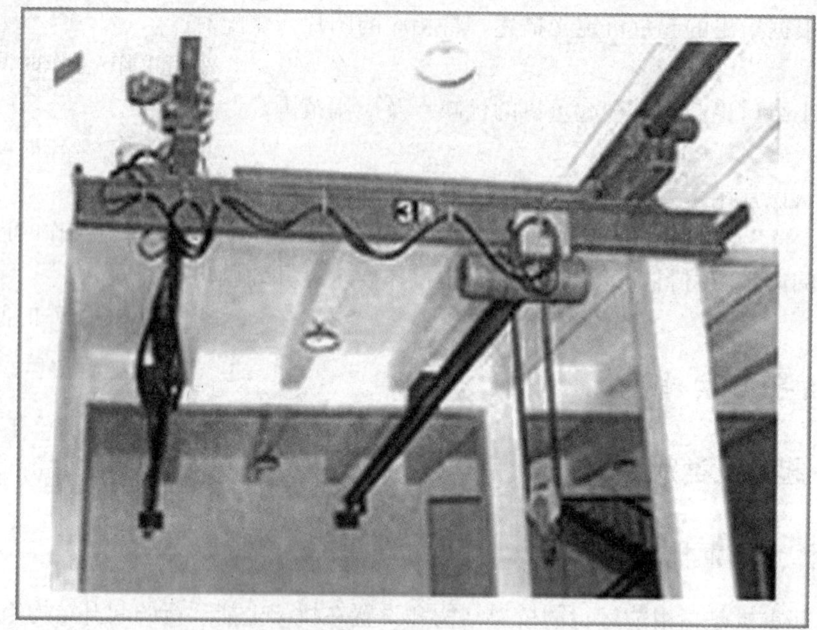

图 16－33　梁式起重机

3. 龙门起重机

龙门起重机又称为龙门吊或门式起重机，它由支撑在两条刚性或一刚一柔支腿上的主梁构成的门形框架而得名（图 16－34）。

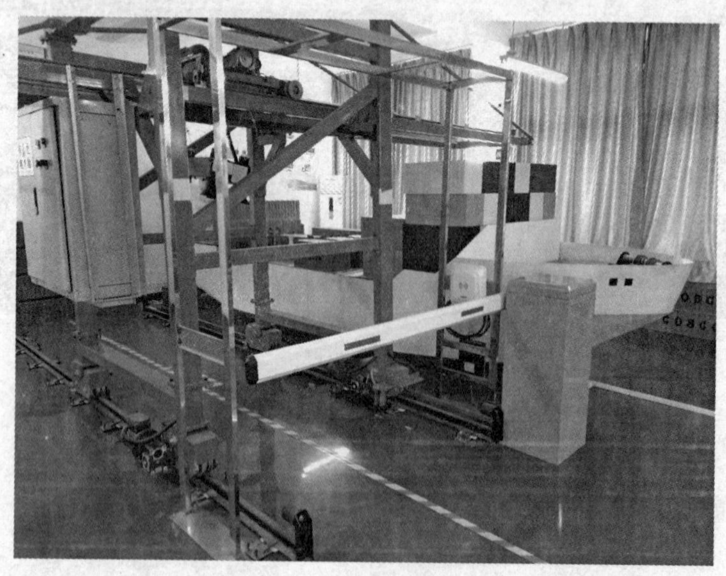

图 16－34　龙门起重机

4. 门座起重机

门座起重机是装在沿地面轨道行走的门型底座上的全回转臂架起重机，是码头前沿的通用起重机械之一（图 16－35、图 16－36）。

图 16－35 门座起重机（1）

图 16－36 门座起重机（2）

5．浮式起重机

浮式起重机是以专用浮船作为支承和运行装置，浮在水上作业，可沿水道自航或拖航的水上臂架起重机。

二、五种起重机的优缺点及应用范围

类型	优点	缺点	应用范围
桥式起重机	1. 稳定性较好 2. 工作速度较快 3. 单机生产率高	1. 扩容、改建困难 2. 货位面积利用有限	工矿企业、仓库和露天场地等物料的装卸、搬运和吊运
梁氏起重机	1. 结构简单，自重轻，操作简便省力 2. 造价低	1. 工作速度较低 2. 起重量较小	小重量物料的装卸搬运和吊运
龙门起重机	1. 场地利用率高，作业范围大 2. 适应面广，通过性强 3. 改建、变迁容易	运行成本高	库场、车站、港口和码头的装卸搬运和吊运
门座起重机	1. 工作幅度大，起升高度大 2. 工作速度快，生产效率高	1. 结构庞大 2. 操作技术性较高	码头装卸、搬运和吊运
浮式起重机	能在水面上装卸	1. 造价高 2. 需要的管理人员较多	港口、船到船间或船到岸间的装卸作业

三、常用桥式起重机的种类和起重量

名称	起重量
桥式吊钩起重机	3～250t
抓斗桥式起重机	20t 以下
电磁桥式起重机	5t、10t、15t、20t 和 30t
三用桥式起重机	5t、10t、15t 和 30t
双小车桥式起重机	2.5t+2.5t、10t+10t、15t+15t 和 30t+30t
电动葫芦双梁式起重机	30t 以上

四、起重机常规操作要求

（1）起重机司机需专门训练，经有关部门考核合格，发给合格证，方准上岗操作，严禁无证人员操作起重设备。

（2）进行起重作业前，起重机司机必须检查各部装置是否正常，钢缆是否符合安全规定，制定器、液压装置和安全装置是否齐全、可靠、灵敏，严禁起重机各工作部件带病运行。

（3）起重机司机必须与指挥人员密切配合，服从指挥人员的信号指挥。操作前必须先鸣喇叭。如发现指挥信号不清或错误时，司机有权拒绝执行；工作中，司机对任何人发出的紧急停车信号，必须立即服从，待消除不安全因素后，方能继续工作。

（4）起重机只能垂直吊起载荷，严禁拖拽尚未离地的载荷，要避免侧载。

（5）起重机在进行满负荷起吊时，禁止同时用两种或两种以上的操作动作。起重吊臂的左右旋转角度都不能超过 45°，严禁斜吊、拉吊和快速升降。严禁吊拔埋入地面的物件，严禁强行吊拉吸贴于地面的面积较大的物体。

（6）起重机在带电线路附近工作时，应与其保持安全距离，雨雾天气时安全距离应加大至 1.5 倍以上。起重机在输电线路下通过时，必须将吊臂放下。

（7）起重机严禁超载使用，如果用两台起重机同时起吊一重物，必须服从专人的统一指挥，两机的升降速度要保持相等，其物件的重量不得超过两机所允许的总起重量的 75％。绑扎吊索时，要注意负荷的分配，每车分担的负荷不能超过所允许最大起重量的 80％。

（8）起重机在工作时，吊钩与滑轮之间应保持一定的距离，防止卷扬过限把钢缆拉断或吊臂后翻。在吊臂全伸变幅至最大仰角并吊钩降至最低位置时，卷扬滚筒上的钢缆应至少保留 3 匝以上。

（9）起重机在工作时吊臂仰角不得小于 30°。起重机在吊有载荷的情况下应尽量避免吊臂的变幅，绝对禁止在吊荷停稳妥前变换操作杆。

【考核与评价】

考核与评价表

被考评小组（个人）			被考核小组成员名单				
考核内容							
考核标准	考核要点	分值（分）	自我评价（40％）	他人（他组）评价（平均）（30％）	教师评价（30％）	合计（100％）	备注
	操作能力	30					
	团队合作精神	25					
	语言表达	20					
	参与讨论的积极性	15					
	内容	10					
合计		100					

【练习与自测】

1. 学生在阅读理解学习材料后思考：

（1）常见的装卸搬运设备有哪些？

（2）装卸与搬运设备的区别是什么？

（3）哪些装卸搬运设备是物流仓库内运用最多的？

2. 请同学们课后自行上网查阅手动液压托盘搬运车和电动托盘搬运车的操作流程及安全事项，为实训室操作学习做好准备。

3. 结合本学习情境所学知识，利用思维导图工作方式，分别绘制出手动液压托盘搬运车、叉车、电动托盘搬运车、AGV 货到人无人搬运小车的相关概念与特点、操作技巧与规范。完成后，请将思维导图提交至线上平台。

学习情境十七　装卸搬运项目实训

【学习目标】

一、专业能力目标

1. 知识目标

（1）能够描述搬运作业的安全要求；
（2）能够叙述搬运作业合理化的要求；
（3）能够说出各种设备的操作方法及操作技巧。

2. 能力目标

（1）能够正确操作叉车、堆高车、起重机；

（2）能够根据货物性质及规格选择适合的装卸搬运设备。

二、非专业能力目标

1. 方法能力目标

（1）学生能够团队协作对物品装卸作业进行计划、组织、优化、决策；
（2）学生能够独立处理问题，并能针对物品装卸作业突发状况采取恰当的措施。

2. 社会能力目标

（1）能够清晰表达自己见解并正确理解搬运的意图；
（2）能够坚持安全规范操作，具有环保行为意识与职业素养意识。

【工作情境】

成都市××物流有限公司位于成都青白江物流园区。公司仓库内现需进行装卸搬运作业，你作为该企业装卸搬运员工，在学习完相关理论知识及操作技巧后，请配合团队同事，共同完成此次装卸搬运任务。

【工作任务】

请你配合你的同事，团队协作，贯彻安全生产原则及5S现场管理法则，充分利用实训设备，依次进行电动托盘搬运车、手动液压托盘搬运车、叉车、堆高车的实训任务，完成装卸搬运作业，并及时总结与反思，在实训报告上做好记录。

【工作指导与实施】

【任务1】电动托盘搬运车实训

一、实训目标

模拟真实的情景使用电动托盘搬运车进行托盘货物叉取操作，提高学生动手能力，强化学生的岗位意识。

二、实训时间

12课时。

三、任务情境

（1）成都市××物流有限公司仓库到货1托30箱玩具，每箱玩具重1kg，要求出库。

（2）成都市××物流有限公司仓库到货1托26台电脑显示器，每台重2kg，要求出库。

四、实训准备

（1）材料准备：纸箱两组（虚拟每种纸箱分别重 1kg、2kg ）、托盘、电动托盘搬运车；

（2）场地准备：物流实训室。

五、实训步骤

1. 教师提出实训任务，讲解操作规程

（1）操作前检查项目。

①在停放车辆的地面上，检查是否有液压油、齿轮油、电解液泄漏。检查货叉是否开裂、弯曲。

②检查轮子是否开裂、损伤或异常磨损。检查轮子紧固件是否松动。检查有无绳索绕在轮子上。

③检查左右前叉及连杆机构有无裂缝，有无开裂；动作有无发生干涉，相应运动点磨损是否严重。

④打开机罩，拧松液压油加油口盖子，拉出油尺，检查油位是否在刻度之间。不足时补加。

⑤关闭机罩，打开电瓶盖，检查压板是否安装牢固，即蓄电池是否被固定牢固可靠。检查两极端子接线是否松动或损坏，否则应调整或更换。

⑥按下起升按钮，检查货叉起升情况。按下降按钮，检查货叉下降情况，检查起升系统是否有异常响声。

⑦将操纵把手下压至倾斜位置，用大拇指朝身体外侧渐渐下按加速控制按钮，观察车辆前进运行情况；用大拇指朝身体内侧渐渐下按加速控制按钮，观察车辆后退运行情况。

⑧车辆慢速向前或向后运行，操纵把手向前推至垂直位置或下压至水平位置，观察车辆制动情况。

⑨左右转动操作把手使车辆左右各运行三圈，检查转向系统是否正常。

⑩按下喇叭，检查声音。

⑪压下紧急断电开关，检查电源是否被即刻切断。

（2）安全操作规程。

①操作员不准超重、超高、超速行驶，禁止急刹车、急转弯。

②车辆安全装置必须齐全完好，各部件灵敏有效，技术性能良好，严禁车辆带病行驶。

③保持标准行驶状态，行驶在较差道路情况下作业时，其重量适当减轻，并应降低行驶速度。

④车辆行驶中，如电控器失控，则及时停车。

⑤堆高车车辆使用中特别应注意及时对蓄电池充电和蓄电池的正确维护。蓄电池充

电时要注意方法，既要使蓄电池充足电，又不能造成蓄电池过量充电。

⑥车辆运用过程中，发现电池电量不足时（可通过电量表、电源亏电指示灯和其他报警装置得到），应尽快对蓄电池进行充电，防止蓄电池过量放电。

（3）电动托盘搬运车装卸堆垛时的注意事项。

①动托盘搬运车需由专人驾驶，且必须经过培训合格后方可进行操作。

②开车前要检查刹车、喇叭、转向机等主要装置是否齐备完好，不完好须进行维修更换，完好后方可开车。

③驾驶过程中，叉车踏板和货叉严禁载人。车辆在行驶中，严禁任何人爬上、跳落。

④行驶过程中不得随意变道、掉头、倒车和逆向行驶。

⑤车厢装载货物高度避免过高。

⑥动托盘搬运车时要观察路况，避免碰撞，如图 17－1 所示。

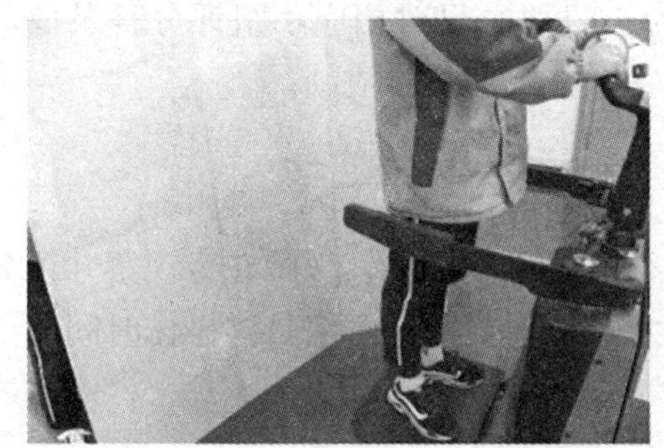

行驶时不观察路况，会造成碰撞

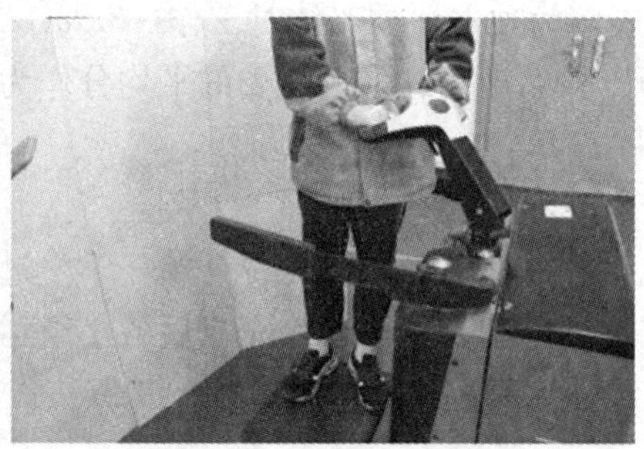

行驶时应主动观察路并及时改变操作

图 17－1　观察路况

⑦停车后离开车，要取钥匙，并要加锁。

2. 教师详细讲解电动托盘搬运车操作要点

（1）启动。插上电瓶插头，打开紧急断电开关，打开钥匙开关。

（2）前进。用双手向后将操纵把手下压至 0°～90°之间。大拇指将方向速度控制按钮向前渐渐转动，车辆朝前运行，速度由方向速度控制按钮转动角度控制。

（3）倒车。双手向后将操纵把手下压至 0°～ 90°之间。大拇指将方向速度控制按钮向后渐渐转动，车辆朝后运行。

（4）减速。慢慢松去大拇指，方向速度控制按钮便会自动回位，车辆速度下降。

（5）转向。双手握住操纵把手的左右手柄，下压至倾斜位置，左右搬动操纵把手实现车辆转向。向左转时，车辆向左转；向右转时，车辆向右转。

（6）制动。大拇指离开方向速度控制按钮，搬动操纵把手至水平位置或垂直位置时，实现车辆制动。

（7）停车减速，即大拇指渐渐松去方向速度控制按钮。将操纵把手回复至垂直位置。货叉下降到最低位置。钥匙开关转至“OFF”位置，按下紧急断电开关，拔去电瓶插头，取下钥匙保管好。

(8) 装卸。小心接近货物，调整货叉高度以便货叉尽可能叉到托盘里面。提起货物几厘米，并确认货物是否牢固。车辆缓慢离开，下降货物至低位。

(9) 卸载。接近货物置放场所，提升货物至正确高度。前进，将货物置于卸货位置之上，然后停下。确认货物卸货的正上方后，货叉慢慢下降，直至货叉从货物中退出。将货叉降到离地 15～20cm 的位置。

(10) 停放。叉车停在指定的地方，将货叉下降到最低位置。关闭钥匙开关，取下钥匙。若长时间停放，应按紧急断电开关并拔去电瓶插头。

3. 学生练习

学生按照操作规程练习。

4. 教师对评委组进行任务安排

1 人作为独立评委兼计时工作，3 人作为小组评委只对相应小组评分且录像，最后取教师、独立评委、小组评委的平均分作为每个小组的最终成绩。

5. 电动托盘搬运车操作比赛

电动托盘搬运车操作比赛开始，学生进行直线行驶操作，教师在旁观察并评分，评委组进行评分和录像。操作完成后各小组示意并请评委登记每组具体操作时间。

6. 评分

统计各组所用时间并进行评分。

7. 教师评点

教师评点并请 3 个小组评委在实训考核反馈表中做好记录。

8. 公布优胜小组

公布优胜小组，给予平时分的加分奖励，将实训考核反馈表发给小组。

9. 设备归位

设备归位，整理实训器材。

电动托盘搬运车实训课程评分标准

班级： 实训时间： 年 月 日

序号	实训内容	扣分分值
1	未戴安全帽	1分
2	车辆起步不平稳	1分
3	车辆行驶不平顺	1分
4	货叉离地高度不符合要求	1分
5	货叉碰撞托盘	1分
6	货叉未卸到底	1分
总分值		6分

【任务2】手动液压托盘搬运车实训

一、实训目标

模拟真实的情景进行手动托盘货物搬运操作，提高学生动手能力，强化学生的岗位意识。

二、实训时间

8课时。

三、任务情境

（1）成都市××物流有限公司仓库到货玩具若干箱，需要从入库理货区搬运至上架区。

（2）成都市××物流有限公司仓库到货电脑显示器若干箱，需要从入库理货区搬运至上架区。

四、实训准备

（1）材料准备：纸箱两组（数量若干）、托盘、手动液压托盘搬运车。

（2）场地准备：物流实训室。

五、实训步骤

1. 教师提出实训任务，讲解操作规程

（1）手动液压托盘搬运车的使用方法。

①首先让货叉插入托盘的入口处。

②手动液压搬运车手把上有三个挡位，向上是下降，向下是带升降功能，居中是空挡。

③上下压动搬运车把手，使其升到合适的高度，一般离地面 10cm 左右。

④升高后，再将搬运车拨到空挡，此时搬运车把手不带升降，很轻，很省力。双手拉住搬运车把手，拖至指定位置。

⑤这时将手动搬运车挡位一直往上拨不松手，直到叉车降到底，再把叉车调至空挡，双手把叉车拖出。

（2）使用手动液压托盘搬运车的注意事项。

①在使用手动液压搬运车之前，使用者要先详细阅读说明书和一些车辆上面的标注事项。

②拉动搬运车的时候，通常要将指状控制手柄扳到中间位置。这样既易于移动手柄，又减轻了小活塞对手柄的反弹力。同时也保护了液压密封件及活塞组件，延长了搬运车的使用寿命。

③若对该车不熟悉，没有经过培训的人，严禁使用。

④使用搬运车之前一定要对其进行检查，对车辆的轮子、手柄组件、叉车架子及杠杆架要特别注意。

⑤严禁在有斜度的地方使用，以免发生侧翻。

⑥严禁载人运行。

⑦最好是戴上手套，以便保护。

⑧货物在搬运过程中，其他人应远离货叉 600mm。

⑨应注意重物的重心，避免偏载和倾斜。

⑩严禁超载。

⑪一般一个月左右需要上一次润滑油来保养，以提高其性能和延长寿命。

2. 教师示范

教师操作示范。

3. 学生练习

学生按照操作规程练习。

4. 教师对评委组进行任务安排

1 人作为独立评委兼计时工作，3 人作为小组评委只对相应小组评分且录像，最后

取教师、独立评委、小组评委的平均分作为每个小组的最终成绩。

5. 手动液压托盘搬运车比赛

学生进行搬运操作，教师在旁观察并评分，评委组进行评分和录像。操作完成后各小组示意并请评委登记每组具体操作时间。

6. 评分

操作完成，统计各组所用时间并进行评分。

7. 教师点评

教师点评，并请3个小组评委在实训考核反馈表中做好记录。

8. 公布优胜小组

公布优胜小组，给予平时分的加分奖励，将实训考核反馈表发给小组。

9. 设备归位

设备归位，整理实训器材。

手动液压托盘搬运车操作评分表

序号	注意项目	出错打“×”，错一项扣5分，基础分60分
1	叉取托盘时，货叉不能与之碰撞	
2	托盘离地2~3厘米，方可行走	
3	行进时，握手回到空挡	
4	行进时，避免人面向托盘倒着行走	
5	行进间制停，双腿成弓步	
6	设备复位，手柄与货叉垂直	
7	是否压线	
其他		
操作时间		

六、训练内容

掌握手动液压托盘车货叉上升、叉取托盘的使用技巧，手动液压托盘车搬运货物训练。

1. 作业时

(1) 货叉在进入托盘插孔时，不允许碰撞托盘，并保证货叉进入托盘后，托盘均匀分布在货叉上，否则运行时易引起侧翻。

（2）抬升托盘。将托盘搬运车舵柄下压到上升挡，手柄上下往复，至托盘离地 2~3cm，并将舵柄回至空挡。

（3）载物起步时，应先确认所载物平稳可靠。起步时须缓慢平稳。

（4）运行过程中，避免人面向托盘倒着走。

（5）货物手动至目的位置时，将车舵柄提升到下降挡，货叉降至最低时，方可拉出手动液压托盘车。

2. 制停时

（1）停车时，手柄就与货叉垂直。

（2）保证货叉已降至最低位置。

（3）手动液压托盘车停放在规定存放区。

【任务 3】叉车实训

一、实训目标

模拟真实的情景使用叉车进行托盘货物叉取操作，提高学生动手能力，强化学生的岗位意识。

二、实训时间

12 课时。

三、任务情境

（1）成都市××物流有限公司仓库到货 1 托 30 箱娃哈哈矿泉水，每箱重 5kg，要求出库。

（2）成都市××物流有限公司仓库到货 1 托 26 台电脑显示器，每台重 2kg，要求出库。

四、实训准备

（1）材料准备：纸箱两组（虚拟每种纸箱分别重 5kg、2kg）、托盘、叉车。

（2）场地准备：物流实训室。

五、实训步骤

1. 教师提出实训任务，讲解操作规程

（1）管理操作规程。

①叉车使用人员要求。

A. 叉车司机必须取得国家承认的操作上岗证。

B. 必须接受公司内部安全知识、制度培训并考核合格。

C. 必须佩戴公司要求的个人防护用品。

②操作者必须熟悉设备的一般结构及性能，严禁超性能使用设备。

③日常检查项目。

A. 检查安全带是否完好。

B. 检查照明灯、信号灯是否正常。

C. 检查液压油、电解液、制动液是否外漏，在泄漏未找到根本原因并彻底解决前，严禁使用。

D. 检查各仪表是否正常。

E. 检查轮胎气压。

F. 检查手柄及踏板情况。

G. 检查电池组电压是否在工作范围内，电解液比重、液面高度是否合适。

H. 检查电气系统各接头、插头是否可靠。

I. 检查各部是否有松动。

J. 进行门架升降前后倾、转向、制动式动作。

（2）安全操作规程。

①叉运货物不得超过叉车核定载荷，货叉须全部叉入货物下面，使货均匀分布在货叉上，避免偏载。

②不要叉运未固定松散堆垛货物。

③装载货物高度遮挡视线时，应倒向行驶。

④叉运较宽货物时一定保证通道畅通，与两侧货架、建筑、设备保留足够距离。

⑤在叉高和传送货物的时候，必须留意头顶的任何障碍物，例如管道、横梁、电缆、消防喷头、灯管、支撑结构等。

⑥装货行驶应把货物尽量放低，门架后倾、门架起升时，不允许行驶或转弯。

⑦转弯时降低速度，防止叉车倾覆。

⑧遇到路口时减速慢行，并鸣笛示警。

⑨叉车带载行驶时，应避免紧急制动。

⑩坡道行驶时应小心，在大于十分之一的坡道上行驶时，上坡应向前行驶，下坡应倒退行驶，上下坡切忌转向，叉车下坡行驶时，请勿进行装卸作业。

⑪叉车行驶时严禁驾驶人员身体各个部位伸出叉车框架之外。

⑫起高大于 3 米的高升叉车应注意上方货物掉下，必要时采取防护措施。

⑬叉架高举时或行驶时上面严禁站人。

⑭离车时，将货物叉下降着地，并将挡位放到空挡，断开电源。在坡道停车时，将停车制动装置拉好，停放长时间须用楔块垫住车轮。

⑮严禁酒后开车，行车不准吸烟、不准用手机通话（特别是添加燃油或对蓄电池充电时）、饮食和闲谈；严禁带人。

（3）叉车装卸货物时的注意事项。

①装卸货物采用慢速移动或者蠕动速度（5 厘米/秒）。

②向货运车辆上装载货物时必须确认车辆位置与出货口对接良好。

③叉车载重量不得超过叉车额定载重量；货物起升和下降时，初速度不易太快。

④叉架举起时下面严禁站人。

（4）叉车作业8不准。

①不准单叉作业。

②不准托盘车行驶出车间，避免长距离行驶。

③不准在货盘或货叉上带人作业。

④不准用货叉直接铲运化学药品、易燃品等危化品。

⑤不准在斜坡路面上横向行驶。

⑥不准用货叉挑翻货盘的方法取货。

⑦不准用惯性力取货。

（5）叉车事故案例分析。

前移式叉车在倒退行驶时，脚被夹在叉车和货架之间造成受伤，如图17-2所示。

图17-2　腿被夹

事故原因：以错误的驾驶姿势（单脚伸到脚踏板之外）驾驶前移式叉车。

事故对策：①驾驶前移式叉车时，应用正确的驾驶姿势双脚都站在脚踏板上。②驾驶员要充分注意行驶方向。

2. 教师详细讲解操作要点

（1）上车前检查车辆。

①叉车作业前，应检查外观，加注燃料、润滑油和冷却水。

②检查启动、运转及制动性能。

③检查灯光、音响信号是否齐全有效。

④叉车运行过程中应检查压力、温度是否正常。

⑤叉车运行后还应检查外泄漏情况并及时更换密封件。

⑥电瓶叉车除应检查以上内容外，还应按电瓶车的有关检查内容，对电瓶叉车的电

路进行检查。

（2）起步。

①起步前，观察四周，确认无妨碍行车安全的障碍后，先鸣笛，后起步。

②气压制动的车辆，制动气压表读数须达到规定值才可起步。

③叉车在载物起步时，驾驶员应先确认所载货物平稳可靠。

④起步时须缓慢平稳。

（3）行驶。

①行驶时，货叉底端距地面高度应保持300～400mm，门架须后倾。

②行驶时不得将货叉升得太高。进出作业现场或行驶途中，要注意上空有无障碍物刮碰。载物行驶时，如货叉升得太高，会增加叉车总体重心高度，影响叉车的稳定性。

③卸货后应先降落货叉至正常的行驶位置后再行驶。

④转弯时，如附近有行人或车辆，应发出信号并禁止高速急转弯。高速急转弯会导致车辆失去横向稳定而倾翻。

⑤内燃叉车在下坡时严禁熄火滑行。

⑥非特殊情况，禁止载物行驶中急刹车。

⑦载物行驶在超过7度和用高于一挡的速度上下坡时，非特殊情况不得使用制动器。

⑧叉车在运行时要遵守厂内交通规则，必须与前面的丰辆保持一定的安全距离。

⑨叉车运行时，载荷必须处在不妨碍行驶的最低位置，门架要适当后倾，除堆垛或装车时，不得升高载荷。在搬运庞大物件时，物体挡住驾驶员的视线，此时应倒开叉车。

⑩叉车由后轮控制转向，所以必须时刻注意车后的摆幅，避免初学者驾驶时经常出现的转弯过急现象。

⑪禁止在坡道上转弯，也不应横跨坡道行驶。

⑫叉车载货下坡时，应倒退行驶，以防货物颠落。

（4）装卸。

①叉载物品时，应按需调整两货叉间距，使两叉负荷均衡，不得偏斜，物品的一面应贴靠挡货架，叉载的重量应符合载荷中心曲线标志牌的规定。

②载物高度不得遮挡驾驶员的视线。

③在进行物品的装卸过程中，必须用制动器制动叉车。

④货叉车接近或撤离物品时，车速应缓慢平稳，注意车轮不要碾压物品、木垫等，以免碾压物飞起伤人。

⑤用货叉叉取货物时，货叉应尽可能深地叉人载荷下面，还要注意货叉尖不能碰到其他货物或物件。应采用最小的门架后倾来稳定载荷，以免载荷向后滑动。放下载荷时，可使门架小量前倾，以便于安放载荷和抽出货叉。

⑥禁止高速叉取货物和用叉头与坚硬物体碰撞。

⑦叉车作业时，禁止人员站在货叉上。

⑧叉车叉物作业，禁止人员站在货叉周围，以免货物倒塌伤人。

⑨禁止用货叉举升人员从事高处作业，以免发生高处坠落事故。

3. 学生练习

学生按照操作规程练习。

4. 教师对评委组进行任务安排

1人作为独立评委兼计时工作，3人作为小组评委只对相应小组评分且录像，最后取教师、独立评委、小组评委的平均分作为每个小组的最终成绩。

5. 叉车操作比赛

叉车操作比赛开始，学生进行上下架操作，教师在旁观察并评分，评委组进行评分和录像。操作完成后各小组示意并请评委登记每组具体操作时间。

6. 评分

操作完成，根据附件评分标准表，统计各组所用时间并进行评分。

7. 教师评点

教师评点，并请3个小组评委在实训考核反馈表中做好记录。

8. 公布优胜小组

公布优胜小组，给予平时分的加分奖励，将实训考核反馈表发给小组。

9. 设备归位

设备归位，整理实训器材。

课堂小结：本堂课要求学生会正确、熟练使用叉车进行托盘货物上下架操作，通过实训让学生进行学习，教师查看学生在实训中的表现。

叉车实训课程评分标准

班级：　　　　　　　　　　　实训时间：　　年　月　日

序号	实训内容	扣分分值
1	未系安全带	1分
2	叉车起步不平稳	1分
3	叉车换挡不平顺	1分
4	货叉离地高度不符合要求	1分
5	叉车未从贴条码面进行叉入	1分
6	叉车未卸到底	1分
7	叉车轻叩墙面	1分

续表

序号	实训内容	扣分分值
8	叉车轻碰到货架	1分
9	叉车撞击墙面	1分
10	堆码货物不整齐	1分
总分值		10分

【任务4】堆高车实训

一、实训目标

模拟真实的情景使用堆高车进行托盘货物叉取操作，提高学生动手能力，强化学生的岗位意识。

二、实训时间

12课时。

三、任务情境

(1) 成都市××物流有限公司仓库到货1托30箱玩具，每箱玩具重1kg，要求出库。

(2) 成都市××物流有限公司仓库到货1托26台电脑显示器，每台重2kg，要求出库。

四、实训准备

(1) 材料准备：纸箱两组（虚拟每种纸箱分别重1kg、2kg）、托盘、电动托盘搬运车。

(2) 场地准备：物流实训室。

五、实训步骤

1. 教师提出实训任务，讲解操作规程

(1) 管理操作规程。

①操作者必须熟悉设备的一般结构及性能，严禁超性能使用设备。

②日常检查以下项目：

A. 检查各控制和驱动装置，如发现损坏或有缺陷时，应在修理后操作。

B. 检查货叉、各类开关、操作手柄、踏板、轮子及紧固件。

C. 启动时保持适当的启动速度，不应过猛。注意观察电压表的电压，若低于限制电压时，堆高车应立即停止运行。注意驱动系统、转向系统的声音是否正常，发现异常

声音要及时排除故障，严禁带病作业。

D. 堆高时负荷不应超过规定值，货叉须全部插入货物下面，并使货物均匀地放在货叉上，不许用单个叉尖挑物。

E. 平稳地进行启动、转向、行驶、制动和停止，在潮湿或光滑的路面转向时须减速。

F. 行驶与提升不宜同时进行。

G. 行驶时应注意行人、障碍物和坑洼路面；不准人站在货叉上，车上不准载人。

H. 不准人站在货叉下或在叉下行走；不要搬运未固定或松散堆垛的货物，小心搬运尺寸较大的货物；行驶时不得超过堆高车最大载重。

I. 不得让堆高车电量耗尽至车辆不能移动时，才进行充电，这样会使电瓶寿命缩短；电瓶带有高电压和能量，切勿让工具接近电瓶两极，以免引起火花或短路。

G. 离车时，将货叉下降着地，断开电源，将车锁好、扶手关闭。

（2）安全操作规程。

①操作员不准超重、超高、超速行驶，禁止急刹车、急转弯。

②车辆安全装置必须齐全完好，各部件灵敏有效，技术性能良好，严禁车辆带病行驶。

③保持标准行驶状态，货叉离地面行驶时货叉离地 10～20cm，停止时降至地面左右；行驶在较差道路情况下作业时，其重量适当减轻，并应降低行驶速度。

④堆高车行驶中，如电控器失控，则及时断开总电源。

⑤堆高车使用中特别应注意及时对蓄电池充电和蓄电池的正确维护。蓄电池充电时要注意方法，既要使蓄电池充足电，又不能造成蓄电池过量充电。

⑥车辆运用过程中，发现电池电量不足时（可通过电量表、电源亏电指示灯和其他报警装置得到），应尽快对蓄电池进行充电，防止蓄电池过量放电。

（3）堆高车装卸堆垛时的注意事项。

①起重前必须了解货物的重量，货重不得超过叉车的额定起重量。

②起重包装货物时应注意货物包扎是否牢固。

③根据货物大小尺寸，调整货叉间距，使货架货物均匀分布在两叉之间，避免偏载。

④货物装入货叉后，并尽可能将货物降低，然后方可行驶。

⑤升降货物时一般应在垂直位置进行。

⑥在进行人工装卸时，必须使用手制动，使货叉稳定。

⑦行走与提升不允许同时操作。

2. 教师详细讲解操作要点

（1）行驶。

行驶以前应检查刹车和泵站的工作状况，并确保蓄电池被完全充电。双手握住操纵手柄，用力使车辆慢慢向工作货物行驶，如果要停车，可用手刹制动或脚刹，使车辆停车。

（2）上架。

①保持货物低位小心接近货架。

②提升货物到货架平面的上方。

③慢慢向前移动，当货物处在货架上方时停止，在这个点上放下托盘并注意货叉不给货物底下的货架施力，确保货物处在安全位置。

④缓慢回退并确保托盘自在牢固的位置。

⑤放低货叉到堆高车可以行驶的位置。

（3）下架。

①在货叉低位的情况下与货架保持垂直，小心接近货架然后插入托盘底部。

②回退堆高车让货叉移出托盘。

③升起货叉到达要求的高度，慢慢移动到待下架托盘处，同时确保货叉容易进入托盘并且货物处在货叉的安全位置上。

④提升货叉直到托盘从货架上被抬起。

⑤在通道中慢慢后退。

⑥缓慢放低货物同时确保货叉在降低过程中不接触障碍。注意：货物升起过程中，转向和刹车操作必须缓慢、小心。

3. 学生练习

学生按照操作规程练习。

4. 教师对评委组进行任务安排

教师对评委组进行任务安排：1人作为独立评委兼计时工作，3人作为小组评委只对相应小组评分且录像，最后取教师、独立评委、小组评委的平均分作为每个小组的最终成绩。

5. 堆高车操作比赛

堆高车操作比赛开始，学生进行上下架操作，教师在旁观察并评分，评委组进行评分和录像。操作完成后各小组示意并请评委登记每组具体操作时间。

6. 评分

操作完成，统计各组所用时间并进行评分。

7. 教师评点

教师评点，并请3个小组评委在实训考核反馈表中做好记录。

8. 公布优胜小组

公布优胜小组，给予平时分的加分奖励，将实训考核反馈表发给小组。

9. 设备归位

设备归位，整理实训器材。

课堂小结：本堂课要求学生会正确、熟练使用堆高车进行托盘货物上下架操作，通过实战让学生进行学习，教师查看学生在实训中的表现。

【考核与评价】

考核与评价表

序号	考核方式	权重	评价依据
1	课堂纪律考核	5%	1. 不良行为（迟到、旷课、睡觉、不参与活动、喧哗等违纪行为。老师根据情况判定） 2. 良好行为（主动发言，参与活动。老师根据情况判定）
2	学生成果	5%	个人+小组成果成绩平均分
3	安全事故防护（课业考核）	5%	装卸搬运工安全注意事项、货物装卸安全操作规程
4	装卸搬运设备认知（课业考核）	25%	认识手动液压托盘搬运车、电动托盘搬运车、自动导引车、自动传送机等设备结构及使用
5	装卸设备操作实操考核	25%	叉车、堆高车、起重机等设备结构及使用
6	安全操作设备	20%	在设备操作中是否安全操作
7	活动参与性	5%	能主动积极参与小组活动，能快速地提出有效的建议并执行
8	团队合作、管理能力	10%	小组活动中能够与团队合作完成装卸搬运活动

【练习与自测】

请根据你和你的小组同事今天的实训及工作完成情况，撰写一份实训报告，做好总结与反思。

实训项目名称：　　　　　　时间：　　　　　　节次：

实训内容

续表

实训内容			
实训总结与反思			
训练项目		时间	实训导师
1			
2			
3			
4			
5			
6			
7			

参考文献

[1] 陈雄寅. 仓储与配送实务 [M]. 上海：华东师范大学出版社，2014.
[2] 北京中物联物流采购培训中心. 物流管理职业技能等级认证教材（初级）[M]. 南京：江苏凤凰教育出版社，2019.
[3] 邬星根. 仓储与配送管理 [M]. 上海：复旦大学出版社，2014.
[4] 凌海平. 物流设施与设备 [M]. 北京：北京师范大学出版社，2018.